おせっかい教育論

鷲田清一
大阪大学総長

内田樹
神戸女学院大学教授

釈徹宗
浄土真宗本願寺派住職

平松邦夫
大阪市長

装幀　山﨑慎太郎

おせっかい教育論　目次

はじめに
「おせっかいの連鎖」のススメ　釈 徹宗……8

第1夜
21世紀は街場で学べ！

市民が自分たちで作った学校「懐徳堂」……21
教育は共同体が生き延びるためにある……25
〝奇跡〟のようだった江戸時代の大坂……30
学校では社会のルールを一時停止すべき……37
「遊園地」ではなく「原っぱ」的な学びを……40
学校とも家庭とも違う第3、第4の価値観……46
地域社会に小さな子供が通える場所を……50
子供が育つには「謎」が必要……54
お金に換算できない仕事だってある……58
学ぶこと自体が「道楽」だった維新期の青年たち……62

教育を経済合理性で語るな……67
答えのない問いを考える力……72
〝教えたがり〟をどんどんつくる……79

中入り
「期待」の中点――「おせっかい教育論」への一視角　鷲田清一……86

第2夜
続・おせっかいな教育談義

「おばさん的思考」に見習うべし……111
学力の向上には、生活すなわち精神の安定が不可欠だ……117
大阪は「非イデオロギーの街」ゆえ、街で学問が育った……121
東京にいると「日本」が見えなくなる理由……129
先生が教えるのは「言葉」じゃない……135
「よく分かんない先生」が本当は理想的だ……141

3世代に渡る生活習慣の破壊がもたらしたもの……145
「時間の肌感覚」がどんどん短くなっていく……154
自己利益を追求しても、人は限界は超えられない……161
「母港」がなければ、いい仕事はできない……166
子供にのしかかる「期待」の中身……171
「生活保護天国」大阪市の悩ましさ……178
街の力を「おせっかい」につなげる仕組み……181
非行に走ってしまう子の胸のうち……187
コミュニティは「死」の周りにできていく……191

締めくくり
「教育権の独立」について――おせっかいなあとがき　内田　樹……198

あとがき　平松邦夫……212

はじめに

「おせっかいの連鎖」のススメ

釈　徹宗

『探偵！ナイトスクープ』というテレビ番組がある。深夜放送にも関わらず、なかなかの視聴率を稼ぐ長寿番組だそうだ。毎回、「視聴者から来るユニークな依頼を受けて、探偵役のタレントが調査する」といった内容になっている。

以前、この番組で「ミステリアスな街・大阪」と名づけられた放送があって、とても印象に残っている。それは、名古屋の主婦による「私の連れ合いは大阪人なのだが、夫といい、その家族といい、どうも大阪人がミステリアスだから調査してほしい」との依頼で始まった。

名古屋の主婦の依頼文は以下のようなものである。

法事で大阪にある夫の実家へ帰った際、相撲の話題になり、朝青龍ファンのこの女性は「あの闘争心はすばらしい」と発言した。すると…。

義父「そう！　闘争心むき出しの力士は観ていて気持ちがいい！」

夫（朝青龍嫌い）「いや、あれは相撲やなくて、ケンカや」
義父「そうそう、あいつはあかん。勝ったらええと思っとる」
主婦「でも、一番強いじゃないの」
義父「相撲取りは、強いのが一番や」

とまあ、そんな会話になった。実は、後で判明するのだが、この義父は相撲など観たことも無く、朝青龍の存在自体知らなかったのである。
次に、この夫婦と夫の母とでケーキの話題になった。

主婦「モンブランは、形が焼きそばみたいでイヤだな」
義母「ああ、あれはアカン。甘い焼きそばや」
夫「そうか？ オレは栗が好きやから、モンブランは好きや」
義母「栗はえらい。イガで身を守っている」

…案の定、義母はモンブランなど全く知らなかったのである。どうなっているのか、大阪人は、との問いであった。

実際にタレント探偵が大阪の街で調査すると、まったく知らないことでも相手に合わせて話すチョーいい加減な大阪人が頻出する。

この放送は、観ていて大変恥ずかしかった。まるで我が身を観ているかのようだったからである。脇から冷や汗が出た。

そして、この義父母みたいなタイプは私の周りにたくさんいるのだ。子供の頃から、その場の勢いでどんどん話を膨らませる人たちに囲まれて育った。大阪の人間は、適当に相手に合わせ、その場の流れがよければ内容はなんでもいい、と思っているフシがある。

いちびりとおせっかいと猥雑と

大阪では「お調子者」のことを、「いちびり」と言う。いや、お調子者よりも少し侮蔑の意が強い。はしゃぎ過ぎたり、調子に乗り過ぎる者に対して、「いちびりやな」とか「あんまりいちびるな」などと使う辛らつな言葉である。大阪は、お調子者に対してかなり厳しい土地柄だ。なのに、どういうわけか身の回りには必ずいちびるヤツがいるのである。もう、これは、「必ず」と言っていいだろう。大阪人が数人集まれば、誰かがいちびる。あたかも自分に課せられた使命のようにいちびるのである。大阪におけるお調子者の人口比率はかなり高いと思われる。

もし大阪人の特性を挙げるなら、このいちびりと、おせっかいと、猥雑ではないか。大阪の教育を語る場合でも、この特性に注目すべきであろう。とにかく調子に乗って関わろうとする。しかもサービス精神旺盛で、なんとか喜んでもらおうと、時にはお下劣な道化ともなる。その場をよくするためには、なんでもありの猥雑性。それでも、相手が喜んでくれれば、それで充分。報われる。

本書のきっかけとなった「ナカノシマ大学」に集まっているのは、そんな人たちである。そんなに深い考えがあるわけでもないのに、勢いで始めてしまう。なぜこんなことを始めてしまったのか…などと後悔もするのだが、また次のおもしろそうなことを見つけては調子に乗ってしまう。誠に愛すべき特性である。

考えてみれば、相手の話に合わせて語ろうとするのも、語りの一貫性よりも関係性を優先させている証拠である。相手の流れに身をまかすことをよしとしている態度の表れである。これは「街の学び」の場においては、重要なポイントかもしれない。「街の学び」の場では、正論を言うことよりも、関わろうとする姿勢が大切なのである。学びの場では、「いちびり・おせっかい・猥雑」モードにスイッチを入れよう！　調子に乗らねば、学びは賦活しないのだ。

大阪は日本唯一の都市!?

中沢新一氏の言によれば、「都市とは自在に改変可能な土地」を指す。その意味において、東京は「都市」ではない。一見、世界的な先進都市を創造してきたかのようだが、実は縄文時代から続く地形や聖地を変えることなく今に至っている。自由に改変できた部分は、海を埋め立てた場所だけなのである。東京がどれほど「土地の記憶が生きた場」であるかについては『アースダイバー』（講談社）に詳述されているので、御一読を。

これに対して、大阪はまさに変幻自在。これまでの歴史を概観しても、ある時は宗教都市として、ある時は軍事都市として、ある時は商業都市として、その姿を変貌させてきた。古代のカミだって聖地だって、平気で移動させてしまう。こういうことは、東京を含め他の地域では起こらない。と同時に、大阪は底流している土地の記憶も死んでいない。もし、そういう場所こそ「都市」と呼ぶとするならば、もしかすると大阪こそが日本唯一の都市なのかもしれない、中沢氏はそんなイメージをもっているそうである。

すなわち、伸縮自在であり変化自在でありながら、性根には深く張り巡らされたものがある、それが大阪だ。形状がまったく違って見えても、あるカテゴライズを使えば同一であり連続しているとする捉え方をトポロジーと言う。大阪は大胆に変貌し続ける都市であると共に、トポロジーから言えば変わっていない土地なのである（平松邦夫市長は、その大阪の特性を『形状記憶都市』と呼んだ）。

本書の中でも述べているが、近世の大阪はとても魅力的な街であった。米相場を中心とした流通の場であり、大部分の住民は町人であり、独自の文化や学びの場や文化を展開した。東西を行き来する人たちが思わず足を止めて長居してしまうような土地だったのだ。

ところが、どうも現在の大阪は単なる通り道で、何かがひっかかるようなフックがなくなっている。ちょっと去り難い、という人や場所が見当たらない。お下劣な知性、猥雑な感情、おせっかいな関係、そんな部分が希薄になっているのだろうか。大阪を賦活させることは、これからの日本の在りようを示すことパラレルなのではないか。

教育とは「共育」である

本書は、「おせっかいの連鎖」のススメである。

そもそも、おせっかいというのは無駄が多い行為である。効率だけを考えるならば、とてもできるものではない。しかし、ここから始めないことには、現代人の消費者体質は変わらない。

現代社会には、すべての者が「消費者体質」になっているという大きな潮流がある。消費者は、すべてを専門家に丸投げして、コンテンツがパッケージされたのを購入する。そして消費者は対価と等しい満足いくサービスを受けて当然と考えている。不満足であれば、クレームの声を挙げる。この図式が蔓延しているのである。あるいは、少ない労働力やコストで、できる限り短期に、そしてより多くのリターンを得ることが、高く評価される。それが現在のビジネスモデルとなっている。このような図式やモデルが医療や教育や宗教の領域にまで侵入している。医療や教育や宗教の場にあるべき「贈与」や「分配」の要素が枯れつつある。

そして、このような流れに違和感をもっている人は少なくないと思う。ただただ効率を追うだけ、無自覚に消費するだけの方向性に問題があると思っている人は大勢いる。

おせっかいに教えることは、自らを育てる。教育は「共育」である。街で学び、みんなで共に育って行こうではないか。

…などと、書いてみるのも本書に合わせたサービス精神だったりする。どこまでいい加減なんだ大阪人…。

第1夜

「21世紀は街場で学べ!」

ナカノシマ大学
キックオフ記念セミナー

本テクストは、２００９年10月1日、大阪市中央公会堂において「ナカノシマ大学キックオフ記念セミナー」という名で行われた座談会がもとになっている。ナカノシマ大学とは何かというと、江戸時代から大阪の中心地であった中之島に立ち上がった街の学校であり、大阪大学が進める「大阪大学21世紀懐徳堂」、大阪21世紀協会による「アートアッセンブリー・中之島」とともに「21世紀の懐徳堂プロジェクト」の一つに位置付けられている。その記念すべき第一講として行われた座談会第一夜は、タイトルに「21世紀は街場で学べ！」とうたわれていた。つまり、「『学ぶこと』を学ぶ」のがテーマとなったわけである。かくして、街に「おせっかい」の種がまかれた。

「21世紀は街場で学べ

ナカノシマ大学キックオフセミナーの会場は、株式仲買人だった実業家が大正時代に建設・寄贈し、大阪のシンボルとなった大阪市中央公会堂。500人の受講者が4人の教育談義を見守った。

市民が自分たちで作った学校「懐徳堂」

平松 みなさんこんばんは。まさかこういう役回りでここへ座ることになるとは思ってもみませんでした。実は、今日のこのキックオフセミナーで鷲田先生、内田先生、釈先生にお会いできるいうだけでワクワクドキドキしておりまして、これだけの錚々《そうそう》たるメンバーが一つの場所に集まって、そして、街場の学び舎について、「街場で学ぶってどういうことなんやろなあ」と話し合うのを聞けるだけでも私は嬉しいと思っておりましたら、その舵取りをせえということで。だいたいこのお三方が、舵が取れるような人か? というのが正直なところでございます。

それぞれに思いをお持ちで、いろいろなことを発信し続けておられる方々です。この中之島が、そういった磁力を持つ、いわば文化や教育の磁場であるといった感覚から、中央公会堂——中之島のシンボルですが——で、そのお話を聞けるということで非常に楽しみにしております。お三方に、今日はどうぞよろしく、そして、お手柔らかにお願いしたいと思います。

いちおう司会役ですので、どういう話から始めようかと考えたんですが、まずはお一人ずつ簡単にお話をお聞きし、そしてその後はどう展開しようと構わない、何が起こるか分からない、どなたがどこでおしゃべりになっても結構です、という形で時間まで進めさせていただければと思います。まずは鷲田先生にうかがいたいのですが、やはりなんと申しましても、大阪大学がやっている「21世紀懐徳堂《かいとくどう》」。これがどういうものかということについて、先生の思いをおしゃべりいただければと思います。

鷲田　はい。あの、**懐徳堂**【※1】という民間の学校が18世紀の初めにできたということをご存じの方って、今どのぐらいいらっしゃるかなあと思います。江戸時代の大坂で民間の学問所というと、幕末の**適塾**《てきじゅく》【※2】がいちばん有名ですけれども、それが1838年にできて、それより100年以上も前、1724年に懐徳堂という学校ができていたんですね。それをまた21世紀に…とは、いったい何を企んでるのかときっと思われると思うんですが…。

江戸時代の大坂というのは変わった町でして、江戸時代を通じて30～40万人

【※1】懐徳堂
享保9年（1724）に、大坂の有力町人たちが出資して設立した教育機関。朱子学を中心とした学問や教育が主に庶民を対象として行われた。明治2年（1869）に閉校。その後、大正時代に重建懐徳堂として再建されるも、戦災の影響などもあり昭和24年（1949）には資料と職員を大阪大学へ移管した。

【※2】適塾
適々斎塾とも。天保9年（1838）、医師で蘭学者の緒方洪庵が開いた私塾。福沢諭吉（P62）・大村益次郎・橋本左内ら、幕末から明治初期にかけて活躍した人材を多く輩出した。建物は現存しており、史跡として一般公開されている。

の人口だったと言われるんですけれども、武士はそのうち1万人ほどしかいない町だったんです。当時の江戸でしたら人口の半分が武士だったわけですけれども、大坂は「天領」といいまして幕府が直轄する、つまり、江戸時代になって豊臣のシンパなんかが抵抗するのを恐れて、幕府が直接統治するということで、だから、大坂にいる武士というのは基本的に幕府から派遣された、今で言う官僚に当たる人——大坂城代《じょうだい》とか町奉行ですね——それが1万人ばかりしかいなかった。そうすると30人か40人に一人ぐらいの割合です。じゃあ町の行政や町の運営、あるいは土木工事といった、今で言う市役所に当たる仕事はいったい誰がしてたのかと言いますと、それは町民の、特に家を持っている人たちですね。家持ちの、つまり裕福な豪商、ブルジョアと言っていいでしょうか、それが3~4万人、人口の1割ぐらいいたそうなんですが、その人たちが江戸時代に既に選挙をやって代表を選んでたんですね。北・天満・南と3つの組があって、それぞれに選んだ代表が総年寄《そうどしより》というものになって、その人たちが仕切って土木事業も民間でやりますし、町衆の自治として行政とか土木、具体的には橋を架けるとかをやっていた。

そんな中でもう一つ、市民にとってものすごく重要だったのが教育なんですね。特に1700年ごろ、いわゆる**元禄バブル**【※3】というのがあって、それが弾けた後で、今本当に将来のこの町を考える時に重要なのは教育だということで、教育というものをすごく大事に考えた。そして、**5人の商人**【※4】がお金を出し合って、この懐徳堂という学問所を北浜の近くに作ったんですね。**近松門左衛門**【※5】が死んだのが翌1725年ですから、当時は市民が自分たちでお金を出して立派な学校を作り、そして同時にものすごいディープな演劇や人形浄瑠璃というものがあり、その前後には**井原西鶴**【※6】や**上田秋成**《うえだあきなり》【※7】とかがいて、つまり大坂の学問と芸術がすごく栄えた時代だったんですね。

この懐徳堂がどういう性格の学問所だったのかについてはまた後で、いちばん詳しい釈さんからいろいろ教えていただけると思うんですが、ここのいちばんの精神は、この学校に入ったら、武士も――武士も拒みはしませんでしたが、大半が町人でした――番頭さんも丁稚さんもみんな平等だ、と。授業料は払えるだけ払えばいい。主《あるじ》だったら小判を出してもいいし、丁稚さんだったら筆一本、あるいは半紙一束でも構わないと。それからみんな商人ですから、仕事が忙しかったら、人の邪魔にならんように勝手に途中退出してもいいという、そういう学校ですね。今で言う市民大学みたいな、あるいはセルフラーニングの

【※3】元禄バブル
元禄時代(1688~1703)に起こった好景気と、それを背景とする文化の発展を総称した言葉。幕府の勘定奉行・荻原重秀は、幕府の財政難の解決策として「金銀改鋳」を行った。これは金貨(銀貨)における金(銀)の含有量を減らして貨幣を多く造り、増やした分を幕府の収入とするもので、増収分を使って大規模な公共事業などが行われたため一気に景気が上向いた。また、そうした好景気の追い風を受け、学問・絵画・陶芸・浄瑠璃などさまざまな分野が発展を見せ、上方を中心に元禄文化と呼ばれる華やかな文化が生まれた。

【※4】5人の商人
三星屋武右衛門、道明寺屋吉左衛門、舟橋屋四郎右衛

場所として、大坂には1724年にそんな学校ができたということなんですね。

平松 1724年いうたらもう300年近く前ですが、そういった思いが今またここで花開くかもしれないという、その熱意で走っていただいている鷲田先生ですが、一方の内田先生は『街場の教育論』というご本をお書きになってらっしゃいまして、その中でも「6・3・3・4制」という制度に対して大きなクエスチョンマークを付けておられます。内田先生には、「街場の教育論」ということからナカノシマ大学あるいは懐徳堂精神について、まずお話しいただきたいと思います。

教育は共同体が生き延びるためにある

内田 すみません、全然準備してこなかったんで(笑)。懐徳堂の話は非常に素晴らしい教育的な実践だと思います。でも、21世紀にそれと同じようなことをやろうとする時に何をしたらいいのかと考えてみると、市長がいる所でこう

門、備前屋吉兵衛、鴻池又四郎の5人。「五同志」と呼ばれた。いずれも商人であったが、商人が学問に身を入れることができたのも、それだけ当時の大坂の経済力が高まっていたためとされる。

【※5】近松門左衛門
1653〜1724。人形浄瑠璃、歌舞伎作者。義理と人情の葛藤を通して人間の内面を鋭く見つめる名作を多く残し、元禄文化の担い手の代表的存在とも言われる。『曾根崎心中』『心中天網島』など「心中物」と呼ばれる作品が大人気を博したが、真似をして心中する者が続出し社会問題となったため、幕府は心中物の上演を禁じた

【※6】井原西鶴
1642〜1693。浮世

いうこと言うのは本当に申し訳ないんですけど、行政からお金を引っ張ってきてやろうという発想をしている限りはダメだと思います。

5人の商人たちが自腹を切って教育機関を作っていったわけですけれど、なんでそうしたかというと、教育というのは共同体が生きていくうえで必須のものだからですね。教育にはいろんな機能があるんですけれど、いちばんの基本は、子供たちを大人にして、自分たちが構築し運営している共同体あるいは自治体のフルメンバーとして、それを担い得るような公共性の高い市民を育てるということです。それについては、ほとんど人類学的と言ってよい圧力があって、学校教育というのはその人類学的要請に応えて成立したわけです。

学校教育が今、歪んでしまったのは、教育活動を行うのは共同体の利益のためではなく、教育を受ける個人がそこから受益するためのものだという勘違いが広まってしまったからだと思います。個人が学校に通って、しかじかの知識を得たり、技術を身に付けたり、資格を取ったりして、それで高い年収を得たり、社会的地位や威信を獲得したり、そういう自己利益を達成するために人は教育を受けるのだという思想が広まってしまった。それが教育崩壊の根本にあると思います。だから教育活動を「商品」としてとらえ、「利益を得るんだっ

草子作者。もともとは俳諧を学んだが、代表作となる『好色一代男』を出版して以後、浮世草子作家に転じた。男と女の愛憎を描いた好色物のほか、町人物の『日本永代蔵』『世間胸算用』、武家物の『武道伝来記』など数々の作品を残す。

【※7】上田秋成
1734〜1809。国学者、歌人、読本作者。俳諧を学んだほか、国学を学び本居宣長と論争を繰り広げるなど多彩に活躍した。浮世草子のほか、読本も多く出版し『雨月物語』『春雨物語』などの名作を著した。

たら代価を払え」「代価を払ったんだから、それなりの知識や技術を教えろ」というざらざらしたロジックが教育の現場を侵食している。教育がビジネスになっている。でも、教育は本来はそんなものじゃないと思うんですよね。

学校教育を子供たちに授けることによって、最大の利益を受けるのは共同体そのものなのです。共同体を支える公民的な意識を持った人間、公共の福利と私的利益の追求のバランスを考えて、必ずしもつねに私的利益の追求を優先しないようなタイプの大人を、社会のフルメンバーとして作っていくということは、共同体の存続にとって死活的に重要なわけです。だから、本来は、共同体の全メンバーは「ありとあらゆる機会に、子供たちを成熟に導く」という活動に身を捧げなきゃいけない。でも、そういう動きが今は出にくくなっている。それは、ほとんどの人が――学校・大学人、教育を受けている人たちや保護者も含めて――「学校教育というのは、教育を受けることを通じて個人が受益するためのものだ」と思い込んでいるからだと思うんです。

もし、個人がそれから受益するためなら、つまり自己利益の追求の一環として教育を受けるなら、そういうことは自己責任でやんなさいよということになりますね。自分の金でやれよ、と。教育を受けたくない人は受けない権利がある、と。やめたきゃやめていいんだよ、と。

「それなりのクオリティの教育を受けたいなら、それなりの金を払え」というようなドライな言い分が一方にあり、「教育を受けたくないと自己決定した子供には教育を受けない権利がある」という一見するとリベラルで「政治的に正しげ」な言い分が声高に語られ、それに挟撃されて、教育は崩壊しつつある。どちらの場合も個人の事情が最優先させられている。「自己利益を最大化したい」「自分らしく生きたい」という「私」の言い分が優先させられていて、共同体の存否については誰も語らない。

「どういう教育であるべきか」という問いは、何よりも「共同体が生き延びるために」という目的が掲げられなければならない。でも、実際には教育をめぐっては、教育を受ける側の「オレにとって気分のいい教育はどうあるべきか」という問いばかりが語られる。どうしてかと言うと、これは「消費者の言い分」だからです。市場では「消費者」のニーズに配慮しなければ、商品は売れない。教育をビジネスだと考えれば、だから当然にも「お客さんはどんな教育を受けたがっているか？」が最優先の問いになる。子供が「オレの自己利益を最大化できるようにするためには、どういう教育がいいのか？」と訊いてくるのに対して「こういう教育を受ければ、あなたのニーズは最少の努力と最低の代価で満たされます」という商品提供をできるかどうかを教育機関が競っている。子供も保護者も学校の先生も文科省の官僚もメディアで発言する教育評論家も、そういう議論ばかりしている。でもね、それは前提が間違っているんです。教育というのは、子供の言い分なんか聴いてる暇はないんです。大人の方がうるさく「いいから黙ってやりなさい」と言って、ありとあらゆる機会に教育しちゃうというものなんです。ニーズがあるからサプライするというのじゃなくて、ニーズなんかあろうとなかろうと、どんどん教えてしまう。それが正しいやり方だと思うんですよね。

たぶん鷲田先生も同意してくださると思うんですけど、「21世紀の懐徳堂プロジェクト」をやるとしたら、どんなことがあっても絶対そこに経済合理性を入れちゃいけない。教える側の「持ち出し」でやる。やりたいからやるんだよ、と。長い目で見れば、結果的にはわれわれの社会全体が利益を受けるわけだから、「まず先に俺が金を出すよ」と言うべきなんです。ニーズがどうたらとかターゲットがどうたらとかマーケットがどうたらというようなことばかり言ってたから日本の教育は今こんなふうになっちゃったわけです。やっぱり教育する側の正しい姿勢というのは「時間も金も俺が持ち出しをするから、いいから黙って俺の話を聞け」というものではないかと（笑）。

鷲田　（笑）あのね…。

平松　先生、もうちょっと待っていただけますか、先に釈先生の話聞かんと（笑）。内田先生のお話は「教育から利益を得ようとは思ってはいけない。そういう形でないと、今後新しいジャンル・境地へは突っ込んでいけない」ということだったと思うんですけれど、釈先生、そのへんについて、懐徳堂の精神とつながるところというのはございますか。

〝奇跡〟のようだった江戸時代の大坂

釈　そうですね。懐徳堂の出だしはまさにそうだったんですけど、実は途中で運営が苦しくなって、政府から金を分捕って来るんです。またそういう手腕のやつがおってですね。でも塾頭はそういうのは嫌いなんで、塾頭に黙って、隠れて、陰で動いて金を分捕ってくるという。まあ、その辺がなかなか面白いところなんですけども…。

しかし、**昌平坂学問所**《しょうへいざか》【※8】のような官立でもない、各藩が作った藩校でもない、また文化人・教養人、例えば**石田梅岩**《いしだばいがん》【※9】とか**吉田松陰**【※10】とかが持っていた私塾でもない、まさに町人がお金を出し合って「道楽で学ぶ」と言いますか、まあ他に例がないことはないんですけども、懐徳堂ほどそういう理念で動いていた所は珍しく、なおかつ非常にリベラルだったたんですね。本来は漢学、つまり儒教を勉強する所で、それから100年後れて適塾が洋学をやり、その二本柱で大坂の文化を支えていくんですけど、でも懐徳堂っていうのは何でもありの、すごいユニークな所だったたんです。全然勉強しないダメなやつとか、本も持って来ないやつとかがいても平気みたいで。昌平坂学問所の授業風景なんかは、残っている絵を見ると裃《かみしも》を着てきちっとしてるんですけど、懐徳堂はかなりええ加減な雰囲気だったようです。先ほど上田秋成の名前を鷲田先生が出されてましたが、この上田秋成というのはすごく口の悪い人なんです。あちこちの悪口ばかり書いている。懐徳堂のことも「あれは学校なんてもんじゃないよ」とまずは言うのですが、「でも、たいしたもんだ」って珍しく褒めてる

【※8】昌平坂学問所
江戸幕府による教育施設。林羅山の家塾から始まり、寛政9年（1797）に幕府直営の学問所となる。明治維新後には新政府管轄の施設となったが、明治4年（1871）廃止。

【※9】石田梅岩
1685～1744。早くから儒教、仏教、神道を学び、45歳の時に京都の自宅に私塾を開く。身分や男女を問わず誰でも聴聞自由の公開講義を行ったり、門人との研究会も行った。正直・倹約・孝行など日常倫理の実践を説き、これに則った商業活動や致富の意義を積極的に評価した。

【※10】吉田松陰
1830～1859。尊王思想家。長州藩士。嘉永4年（1851）にペリーが

んですよね。朱子学をやる所であるにもかかわらず、経済学もやり、天文学のような自然科学もやる。**富永仲基**《とみながなかもと》【※11】とか**山片蟠桃**《やまかたばんとう》【※12】などは、朱子学や儒学を徹底的に批判する。なんというか非常に、いい意味でのユルさみたいなものがあって、そこが私は個人的にとても面白いと感じています。また、ユルいけれどレベルも高いんですよ。町人の息子が、現代でも通用する言語学や経済学の論陣を張ったりしていたわけですから。いかに大坂の「中之島文化」が高度だったかが分かります。

中之島には各藩の蔵屋敷が建っていましたが、先ほど鷲田先生が言われたように9割以上が町人でした。なおかつ巨大消費都市である江戸は小売業が主だったんですけど、大坂はほとんどが仲買商とか問屋だったので、視野が広かった。全国の市場の動きが視野に入ってないといけないわけですからね。江戸の学問は**荻生徂徠**《おぎゅうそらい》【※13】がガーンと中心にいて、「いい政治をやって民安らかに」という官の視点でやるんですけども、懐徳堂の方はそうではなくて、「流通について考えないかん」とか、「米相場は国の血管だ」なんて面白いことを言ったりもしている。「人の気持ちとか天気にだって、そういうもの（相場）は左右される。だからいろんなことを研究しなければならない」という方向へ行く

再来航した際、アメリカへの密航を企てて失敗。出獄後に開いた私塾「松下村塾」において、高杉晋作・伊藤博文・山県有朋・井上馨らを教育し、明治維新の精神的指導者と言われる。安政の大獄により斬首刑に処された。

【※11】富永仲基
1715〜1746。父は懐徳堂の設立者の1人である道明寺屋吉左衛門。懐徳堂が輩出した町人学者の代表的存在。儒家思想を批判した書を著して三宅石庵（P65）に破門されたとの説もあるが、真偽は不明。後に著した仏教研究書『出定後語』は、後から書かれた経典は必ず古い経典に異なる教えを書き加えたものである（加上論）という独創的な内容であったため、大きな批判を呼んだ。しか

わけですね。まあ、ちょっと大袈裟に言うと、奇跡のような時代を打ち立てたと言えるでしょうね。

平松 へえー。その雰囲気を想像するだけで楽しい気分になってくるんですけども…。というわけで、まずお三方からお話をいただきまして、私も含めて全員声を出しました。あとはご自由に、という時間なんですが(笑)、鷲田先生、内田先生、いかがでしょう?

鷲田 内田先生がおっしゃった、役所を頼ってはいけないというご意見にまったく同感なんですけど、そういう意味では大阪っていいんですよ。お金に苦しんでらっしゃるでしょう、お役所が(笑)。

平松 はい!(笑)

鷲田 だから最初から期待してないんですよ。

平松 はい、もう期待なんかしないでください。借金5兆円あります(笑)。

鷲田 で、大阪はね、実はアートのNPOがものすごい強いんですよ。打たれても打たれても、活動場所を移動してでも生き延びていく。演劇やダンスにしてもそうです。市の援助で小学校を借りてやってたり、**フェスティバルゲート**【※14】なんかもそうですけど、お金が要る大阪市は施設を売ってでも現金化しな

し東洋史学の内藤湖南をはじめ、仲基の研究方法を高く評価する声も多い。

【※12】山片蟠桃
1748~1821。播州に生まれ、大坂の豪商・升屋本家に奉公。後には番頭として手腕を振るった。懐徳堂に入門してからは中井竹山や中井履軒を師と仰ぎ朱子学を学ぶ。また「先事館」を開いた町人学者・麻田剛立に天文学を習った。主著『夢ノ代』では地動説に基づく大宇宙説や霊魂の存在を否定した無鬼論を唱えるなど実証的で合理主義的な思考に基づく独自の思想を展開した。

【※13】荻生徂徠
1666~1728。儒学者。朱子学に基づいた古典解釈を行う伊藤仁斎の古義学を批判し、新たに古文辞

ければいけないということで、時限を決めて場所を借りてたんですけど、その後どうしても出て行かざるを得なくなる。ものすごい苦しいんですね。でも、財政的には応援してもらえないから、自分たちの知恵をものすごく絞って、そして、とにかく支えてくれる仲間といっぱいネットワークを張っていて。ものすごいしぶといんですよ、大阪のＮＰＯは。

釈　懐徳堂ができた時代というのは、ちょうど今とだぶる所があるんです。元禄バブルが弾けて、通貨の値打ちがすごく下がって…。

内田　なんでそんなに詳しいの、釈先生は（笑）。江戸時代のことまでほんとよく知ってるよね。生きてたわけじゃないよね。

平松　釈先生がいちばんお若いんですよね、この中で。

釈　ええそうです、まあ一応。

鷲田　分からんでしょう、誰がいちばん上かとか（笑）。

釈　いや、分かりますよねえ、みなさん。どう見ても僕がいちばん若いじゃないですか！

えーと、それで元禄バブルが弾けた後、**新井白石**【※15】が出てきて、なんとか立て直そうとするんですけど、それでも、あのでかかった**淀屋**【※16】が潰れたり

学を唱えた。東京・日本橋の茅場町に私塾を開き、茅は「蘐」とも書くことから、蘐園学派と呼ばれた。江戸幕府の側用人であった柳沢吉保に仕え、また徳川吉宗の諮問に答えて吉宗に献じた『政談』は当時の社会と幕府の問題点と対策を講じたもので、後に生まれる経世論（経世済民＝世を経め人を済う）の下地となった。

【※14】フェスティバルゲート
大阪市浪速区にあった、遊園地と飲食・物販店が入る商業施設が一体となった複合娯楽施設。１９９７年の開業当初は、８階建ての建物を突き抜けるようにして走るジェットコースター「デビル・ザ・コースター」などが注目を集めて人気だったが、２００４年に４００億円近い赤字を抱えて経営破たん。その後、負債を

する。近松がウケたのも、いわゆる「心中物《しんじゅうもの》」があったからでしょう。世情不安で、ちょっとニヒリズムも入り混じって…。とにかく新しい指針を求めている時代だったんですね。どの方向にわれわれは行けばいいのかという社会不安。そういう時に「学ぼう、学ばないといけない」というような機運が盛り上がっていったんです。

これは証明できない私の勝手なイメージなんですけど、そんな中で「次男文化・三男文化」が花開いたという感じがするんですよね。長男いうのは家で神仏を祀って家を継がなあかん。地道で地味なわけです。で、次男・三男がなんとか生きていくために、長男が「金出したるから、おまえら頭と才覚でやっていけ」とか言うてですね、次男は私塾に行ったり懐徳堂で学んだりして、そこで自分の才覚を伸ばすやつもおれば、それで放蕩して浪費してしまうやつもいて…。当時の大坂は、そんな雰囲気だったんじゃないでしょうか。それに、全然役に立たんゴロゴロしたようなやつが、懐徳堂には結構いたようです。そういうやつらには、学問よりもしつけの指導を重視したらしいんです。「お前は勉強あかんから、掃除を一生懸命せえ」とか。それで、そいつはやがて塾生のしつけを手伝うようになったり。

肩代わりする形で大阪市が税金約200億円を投入した。2009年に民間企業へ約14億円で売却された。

【※15】新井白石
1657〜1725。儒学者・朱子学者。師事していた師の推挙により、後に6代将軍となる徳川家宣（当時は綱豊）に仕える。家宣が将軍職を継いでからはブレーンとして政策提案を行い、インフレの鎮静化に努めるなど「正徳の治」を進めて幕府財政の立て直しを図った。学問は儒学、朱子学のほか歴史学・地理学・文学など多方面にわたって精通し、『西洋紀聞』『采覧異言』を著したほか、漢詩の才もあったとされる。

【※16】淀屋
江戸時代の大坂の豪商。初代の淀屋常安こと岡本三郎

平松　自分も勉強はあかんかったのに、塾生たちを仕切っていたわけですね（笑）。

釈　まあそうですね。さっき鷲田先生が言われたように、懐徳堂というのは誰でも来られたんです。だから勉強しようと思うやつはなんぼでもできるし、懐徳堂の批判をするやつだって出てくる。勉強したくないやつは、しつけを身につけたりする…。

平松　そういう記録が克明に残っているんですか。「こいつは勉強でけへんかった」とか（笑）。

釈　「こいつはでけへん」と書いてあるわけじゃありませんが…。上田秋成が「懐徳堂はあんまり学問、学問した学校になってほしくない」って述べています。「なぜなら、学問ができへんやつにはしつけを身につけさせている。それがここのええところや」と。

平松　それは、街場の教育論ということで言うと、社会的な教育者であったということでしょうかね。

釈　内田先生がおっしゃった公共性や公益性を持て、という教えが常に懐徳堂にはあったんですね。朱子学の「孝・徳」といった学則に基づいて「公益性

右衛門は土木工事から身を立て、淀屋を名乗って材木商を営んだ。また自ら開拓した中之島に米市を開いた。現物取引のみならず手形の売買へと発展させていったため、膨大な量の米がここで取り引きされることとなり、淀屋は巨額の富を築いた。しかし、次第に大名への貸付金が増えるに従い、武家社会に悪影響を及ぼすとみなされ、宝永2年（1705）、幕府から闕所（財産没収）を命じられて没落した。

を持って各自が職業にいそしめ」というのが基本姿勢だったんです。

学校では社会のルールを一時停止すべき

内田 学校の機能というのはいくつかあって、さっき言ったのは、共同体のフルメンバーとして責任意識を持った大人を育てていくということですけど、もう一つは今出た**「アジール【※17】」**としての機能ですね。どんな共同体でも、どんなきちんとしたルールを持った集団でも、そこからこぼれ落ちていく人たちが必ず発生する。でも、その「こぼれ落ちていく子たち」のうちから次代を担う「イノベーター」が生まれてくる。これは必ずそうなんです。どんなよくできた共同体でも、いつかどこかで制度疲労を起こして壊れてゆく。だから、その壊れていきそうなものにいちはやく気づいて、そこを補正して制度を再構築できる人が絶対に必要なんです。でも、そういう仕事をする人間は既存の制度の中の「秀才」からは出てこない。絶対、出てこない。イノベーターはつねに

【※17】アジール
ギリシア語を語源とし、統治権力が及ばない場所のことを意味する。「聖域」「避難所」「無縁所」などの意味で使われることもある。

「落ちこぼれ」の中から出現する。ですから、制度の中長期的な安全保障を配慮したら、「落ちこぼれたち」を切り捨てちゃいけない。彼らを支え、彼らが自尊感情を持て、生き延びてゆける場所を提供することが必要なんです。

学校というのは、社会や共同体が、経済合理性なり、ある種のルールに基づいて動いている中で、そこと断絶していて、社会のルールが通用しない場であるべきなんです。「ノーマンズ・ランド」というか「逃れの街」というか、そうした現世のルールが適用されない場としての機能を持つべきなんです。「社会のルールが一時停止している場所」を作っておいて、そこにうまく社会に適応できないさまざまなタイプの才能を受け容れられるようにする。

本当に創造的な才能というのは、最初は何の才能だか見ても分からないものなんです。いつか役に立つかもしれないけど、一生役に立たないかもしれない。でも、そういうなんだかわからない才能の持ち主たちのうちの何百人かに一人が劇的なイノベーションを果たすことがある。そういう「イノベーター」になるかもしれない子供たち」にフリーハンドを保証するのは学校の重要な人類学的機能なんです。そういう子供たちは序列化とか格付けとかはなじまない。そもそも序列化や格付けの基準そのものを根本から覆すような才能のための場所を確保しようとしているんですから。学校では、子供たちの中に潜在するある種の非社会的・反社会的な部分についても、できるだけ広く受け入れ、そして面白がる余裕が欲しいと僕は思う。日常的な価値観が一時停止したような空間、「タイム」がかけられる場というのは、共同体の中になきゃいけない不可欠な要素なんです。学校というのは本来そういう多様な機能を果たす場だったんです。神社仏閣もそうですよね。境内や神域に入ったら世俗の価値観は停止する。たとえば犯罪を犯した人もそこに逃げ込めば、とりあえず守られる。そういう「一般ルールが停止する場所」は共同体の安全保障のために絶対に必要なんです。その機能はまずは学校が担わなきゃいけない。懐徳堂の話を聞いていると、そういったことがすごく理想的に機能していたんだなあ、と思います。

ですから、懐徳堂をモデルに21世紀の学校を作るとしたら、共同体の成員たちが私財を投じて、自分の時間を使って、自己責任で、おせっかいにやること。教えたい人は教える。勉強したい人は勉強する。それぞれのしかたで、学校の中で機嫌よく暮らしていく。そういう場所や空間が今いちばん必要だと思うんですけれども、そういう話が教育の場で語られることはまずないですよね。

平松 そういう意味では、大学改革の渦中にいらっしゃる鷲田総長としては、今のお言葉をどうお聞きになりますか。つい総長の肩書きを外したくなる、という感じでしょうか（笑）。

鷲田　そらそうです。なんか顔のこのへんが強張ってきて…（笑）。僕も、内田さんがおっしゃったのと似たようなことを、経済合理性の話とは別の角度から感じていましてね。

「遊園地」ではなく「原っぱ」的な学びを

鷲田　青木《あおき》淳《じゅん》【※18】という建築家が言った比喩がありまして、それを教育に当てはめて考えているんです。彼は「都市の空間や建物には2種類ある。遊園地的なものと原っぱ的なものと」と言ったんですね。同じ遊び場でも、遊園地っていうのは、そこに行ったら何をするかというメニューが既にあって、その中でどれを選ぶか、どんな順番でやるかという所なんですね。今の大学・学校にはカリキュラムというのがあって、「ここからここまでを何カ月かけてやる」と

【※18】青木淳　1956〜。建築家。ルイ・ヴィトン表参道ビルをはじめとする商業建築のほか、教会、博物館、小学校など幅広いジャンルの建築を手がける。著書も多数あり、『原っぱと遊園地—建築にとってその場の質とは何か』（2004）において、「あらかじめそこで行われることがわかっている建築（「遊園地」）」よりも、「そこで行われる行為によってその中身がつくられていく建築（「原っぱ」）」の重要性を説いている。

か「この授業は半年間こういう段取りで進める」とか、全部決まっている。大学ではシラバスと言うんですけど、私は教員をやってる時から、半年間の講義の進み方を全部、あらかじめ15回分書くというのが、もうとにかくイヤでイヤで…。「今年は他者について考える」とだけ書いたりしてたんです。おかしいと思うんですよ、あれは。特に哲学みたいな授業だと、こっちも答えやゴールが見えないまま考えて考えて…みんなの反応を見ながら、「あ、これは通じてないんだな」と思ってまたいろいろ考えたり、あるいは、学生諸君がいろいろ質問をしてくれたりして、その中で「あ、これは虚を衝かれたな」ということがある。それで「ちょっとまた家帰って考えとくわな」と言ったりすると、学生さんも「ああ、自分の質問が先生に影響を与えた」と、ものすごい手応えがあるわけで。そうやって最後には、当初考えていたのと違うところ、思っていた以上のところまで行ってしまう。それが本当に生きた授業だと思うんですよね。でも、今の大学の授業は全部遊園地になってるんですよ。「勉強する遊園地」に。

ところが、原っぱというのはどういう空間かというと、ぺんぺん草が生えて空き缶が転がってるだけ。そこへ、さっき話に出たような落ちこぼれというか、学校に居づらい子が、家におったらまた「勉強せえ」とかいろいろ言われるんで、一人でポソッと原っぱに、地上げした後の空き地とかに来るんですよ。遊び道具も何もなくて、やることもないので空き缶をチョンと蹴ったりしてると、よそからまた同じようなハミダシがやって来て、お互い全然知らないけど意識し合うわけです。でも、遊び道具もない、野球もできない。そんな時にちょっと空き缶をそいつの方に向けて転がすと、向こうも手持ち無沙汰ですから、またポーンと蹴ってきたりして…、そうやっているうちに2人の間で新しい遊びのルールを自分らで作っていくんですよね。子供というのは別に遊び道具なんかなくても、石ころや棒切れなんかで上手に、いろんなゲームを自分らで作っていく。遊園地のように、その空間の意味があらかじめ決まっているんじゃなしに、自分たちが何かをすることでその空間の意味を作っていく。そんなふうにルールや意味を自分たちで作っていかないと、原っぱでは遊べませんよね。そういう教育の場所というのが今なくなってきているんです。「原っぱとしての学びの場」がね。

内田　むしろ積極的に壊されているという感じですよね。鷲田先生もシラバスには恨みがあるということですけど、僕は教務部長を4年間やってる時、立場上、教師にシラバスを書けと言わなきゃいけない。一応僕の名前で「シラバスをきちんと書くように」という文書を教員たちに配るんですけれども…。でも実は、僕自身はそんなもの要らないと思ってる。だからまさに「授業目的」は「他者について考える」とか1行書いておしまい、というようなことをやってたんですけど、去年の秋に文部科学省の査察が入ったんです。僕が「そんなもの適当でいいよ」と言いふらしていたものですから、「シラバスに精粗《せいそ》がある」と指摘された。

釈　内田先生は以前からシラバスの悪口をものすごく言うてたんですよ。それが今や立場上、「せえ」と言わなあかんようになってる（笑）。

鷲田　実は私も教員の時、きっちりしてないというので、呼び出されて叱られたことがあるんです。阪大全学で3人だけ。学生全員に「優」を付けましてね。そしたら「お前らはちゃんと試験してない！」って。それが今もうね、（総長職を担うことになって）エラいことになって…（笑）。

釈　ええ先生ですねえ。

内田　で、その話には続きがあるんです。「シラバスに不備がある」というので、助成金を2000万円ほど削られたんです。「シラバスをきちんと書かせないと助成金削りますよ」というアナウンスが事前にあったわけじゃないんです。「きちんと書くように」という要望が来ていて、それを無視してたらある日いきなり、過年度に遡って助成を削られちゃった。経理からきつく叱られましたよ（笑）。でも僕、やっぱり譲れないんですよ。だって、あんなの意味ないもの。シラバスって前年度の秋に書くわけじゃないですか。だから、次年度の後期、つまり1年半近く先のことまで書かなきゃいけない。でも、アクティヴィティの高い教師が自分が1年半後に興味を持っている論件なんか分かるわけないでしょう。「自分が1年後に何を研究してるか分からない。だから俺は書かない」って突っぱねてたんですけど、文科省はシラバスについては異常にうるさいですね。この間の大学基準協会の認証評価でもシラバスは細かく指摘されましたね。シラバスって要するに「仕様書」なんですよ。商品についているスペックなんです。だから、文科省の役人は「シラバス書かないで授業をやるってことは、商品に関して、有効性も利用法も機能も賞味期限も何も書かないでいきなり売るようなものだ」というふうに考えていると思うんですけども、教育は商品じゃないってことがどうしても分からないらしいんですよ、教育行政の人たちは。あ、すいません。また怒っちゃいました（笑）。

「内田先生は前からシラバスの悪口言うてたんですよ。それが書かせる立場になって（笑）」（釈）
「シラバスって『仕様書』なんですよ。商品のスペック。でも教育は商品じゃないんです」（内田）

学校とも家庭とも違う第3、第4の価値観

平松　私も大阪市長として教育行政の側にいまして、まあ教育委員会というのがあって教育長がいらっしゃるわけですが…。今、**大阪府の学力テスト問題【※19】**がありますが、われわれも同じ問題を抱えていましてね。大阪市もテストの結果は当然公開する。公開はするけれど、力を入れるのは独創的なものが伸びるかどうか。そこだけをチェックしてくれたらいい、と言うてるんです。どうもテストの点数を伸ばすためだけに努力する空しさを私は感じてましてて。小学校時代に、「この子はどんな独創力あるんやろな」「何を考えよんねやろな」という点をどれだけ伸ばせるか。いや伸ばせないかもしれないけど、そこに着目してやることが一番大事やと思うんですね。

私自身が子供の頃は赤面恐怖症に近い状態で、人となかなか話ができなかっ

【※19】大阪府の学力テスト問題
文部科学省が実施している「全国学力・学習状況調査」の市町村別データを、大阪府教育委員会が全国で初めて公開した問題。09年8月、大阪府教委は07、08年度の全国学力テストについて、大阪府内の市町村別平均正答率を請求者に開示した。08年10月に橋下徹大阪府知事が08年度のデータを公開した際には、正答率を非公表としている自治体など計11自治体を非公表にしたが、この時は吹田市、泉南市など非公表を決めていた5市町についても開示対象としたため、波紋が広がった。

たのを、学校の先生が導いてくれたおかげでアナウンサーになり、そして知らん間に市長をやってるわけで、そういうふとした先生との出会いが一つの方向をかたち作ることがある。その実験台になっているという自負がありますから、ぜひ小学校時代の子供に何かフリーで考える能力を、コミュニケーションも含めて育ててやりたいと思いますね。言語能力の低い子は身体表現でコミュニケーションする能力を育てるぐらいのことがでけへんのかいな、と言うてるんですが。

それで、内田先生がお書きになった『下流志向』を読ませていただいて、これは教育委員会に今から読ませないかん、「この本はよ読め」と言うて、後から「ちゃんと読んでるやろな」とチェックしたりしてましてね(笑)。それから、今日のこの日のために鷲田先生と内田先生が対談された『大人のいない国』を読んだりもしながら、改めて考えたのは、やっぱり教育って何やろうと。もう一度原点から考えないかん時代に今まさにわれわれは来ている…と。そういう問題意識でよろしいんでしょうか。

内田　市長にそう言っていただけると、心強いです。僕の本を読んでくださる人は現場には多いんですけど、行政の方は反応悪いんです。

鷲田　教育の問題って、子供の問題やなしに大人の問題だと思うんですよ。子供は大人を見ているわけで、そこから何か衝撃を受けて、「あんな人になりたいなあ」とか、あるいは「あんな人になったらヤバいなあ」とか、いいものも悪いものも見て覚えていくわけですよね。小学校の教室で先生が教えてくれた内容で、今も覚えていることなんてほとんどない、僕だってそうです。普段の生活で使わないですからね。でも、たとえば黒板にチョークで書いている時に、ある先生は「先週買うたばっかりやのになあ」と言いながら、服に付いたチョークの汚れを払っていた。もう一人の先生は、袖口を真っ白にしながら、まったく気にせずカリカリと書いて、「うん、これはなあ…」なんて熱心に話している。それを見たら、子供は「あの人、変。でもすごい！」って思うじゃないですか。教育って、そういうところで起こると思うんですよね。

要するに大人の生き方。それから大人の方が何を教えるか。「教える」じゃなくて「伝える」でいいと僕は思うんです。いいことばかりやなくてもいい。大人が痛い目ェして、こうしようと思ったけどできなかったこととか、あるいは、こうやってかろうじて危機を脱したとか。これだけは伝えておかないと、この子ら後で苦労するだろうなということ。大人が何を伝えたいか、それを考えるのが教育であって、どう教えるかとか、子供にどうなってほしいとかいう問題じゃないと僕は思うんです。

釈　今日は主として学校教育の話になっていますけど、そもそも学校での価値観と家庭での価値観がほとんど変わらないとしたら、子供って行き場がないですよね。別々の価値観の場がないと人間って生きていくのがしんど過ぎるじゃないですか。

鷲田　そう。昔は、教えるっていうのは学校だけじゃなくてね。さっき内田さんがおっしゃった通りですよ、あらゆる場面で教えてた。たとえば、このナカノシマ大学を考えた人は、だんじり祭の役員さんですか、だんじりについてのすごい人で、話の喩えはすべてだんじりになる。だんじりに翻訳しないと理解ができないという聡明な方なんですけれども（笑）。祭の時というのは、いいことばっかり教えるわけじゃない。どうしても毎年これは必ずしないといけないとか、こういう段取りがいるぞとか、そういうことを教えると同時に、アホになってしまってる姿、もう夢中になって前後もわきまえないでアホしてる、その姿も同時に子供に見せてるというところが大事だと思うんですよ。

釈　そうですね。だんじりのような、地域の宗教性が生きている所なら、学校とも家庭とも違う、また別の、第3、第4の価値観があったりするんで、救われる部分があるんですけれど。都市部になると土地の宗教性みたいなものが失われてしまっている。大阪っていうのは本来、宗教都市だったわけですよね。市内の中心部は**石山本願寺**【※20】があってできあがったし、御堂筋はご存知のように、**御堂さん**【※21】が建っていることからその名が付いた。どうせ商売するならお寺の鐘が聞こえる所でやろうということで、船場に商人が集まってきたんです。そういった、その地域が持っている特有の価値観というか、徳というか。浄土真宗の文化では**「土徳《どとく》」**【※22】なんて言葉がありますが…。別の扉・別の回路がないと、生きていくのがきつくなってしまいます。

地域社会に小さな子供が通える場所を

内田　僕は小学校3年の時に体が弱くて、半年ぐらい伊豆の宇佐美という所の養護施設に入ったんです。で、半年後にまた同じ学校の同じクラスに戻ったん

【※20】石山本願寺
大坂本願寺とも。天文元年（1532）から天正8年（1580）までの間、大坂にあった浄土真宗の寺院。現在の大阪城が建っている場所にあった。蓮如が隠居所として建てた石山坊舎から発展。天文元年に山科本願寺が焼失したことから本山となり、堀を築き石垣をめぐらせるなど、城郭に匹敵する堅固な要塞であった。織田信長との抗争（石山合戦）に敗れた直後に焼亡した。

【※21】御堂さん
浄土真宗本願寺派の寺院である本願寺津村別院（通称・津村別院）と、ここより南にある浄土真宗大谷派難波別院（通称・南御堂）とを指す。

ですが、そのインターバルの間にちょっと変わった感じの子になっちゃったらしくて、ずいぶんいじめられました。先生からもいじめられたし。

鷲田 内田さんの武道はそこから始まったんですか？

内田 ええ、そうなんです（笑）。子供にとって学校ってのは、ほとんど全世界、社会環境のすべてじゃないですか。だからそこで排除されると呼吸ができないくらいに辛い。そんな時に近所の道場に剣道を習いに行ったんです。1958～59年ごろの剣道ですから、取り巻く時代環境が今とは全然違うんです。今だったら「ああ剣道ですか」って感じですけど、その時は**剣道はまだGHQに禁止が解禁されて間もなかった**【※23】ですからね。学校教育プログラムにもほとんど入っていなかったはず。学校体育に本格的に剣道が戻るのは、60年代になってからです。

近所にあった町道場に僕は行ってたんですけど、そこでやってるおじさんたちは、なんというかな…レジスタンスの地下活動してるみたいな感じで（笑）。今は剣道も柔道も立派な公共施設を借りられて、体協なんかに加盟して、大きな顔してますけど、その頃の剣道の先生たちというのは、だいたいが復員兵で、戦前に剣道をやっていたというおじさんたちです。そういうおじさんたちが自

【※22】土徳
その土地に備わった徳を意味する。その土地に住んでいると知らず知らずのうちに徳が身に付いていくというもの。

【※23】剣道はまだGHQに禁止が解禁されて間もなかった
終戦後、GHQ（連合国軍最高司令官総司令部）は学校で剣道を教えることを禁止した。禁止令はGHQが占領を終了する昭和27年に解除された。

分たちのお金で防具を買って竹刀も買って、近所の子供を集めて、朝の6時からやってたんです。

僕は学校でいじめられている時、その道場に通っている時間だけが安心できたんです。いや、家ではもちろん安心なんですけど、それはプライベートじゃないですか。剣道の道場はパブリックですよね。パブリックな空間で、大人の人たちがやっていて、そこは学校とは全然違う価値観が支配している。地下活動みたいに（笑）。学校だといろんな細かい人間関係があって、クラスメイトたちとの力関係とか、先生とどう付き合うかとか、結構神経をすり減らしてたんですけども、剣道の道場ではただただ稽古をして竹刀を振ってれば「よくやったね」と褒められる。すごくシンプルで気分のいい場所だったんです。その1年間ぐらいの精神的に苦しかった時期、剣道があったおかげで耐えることができた。僕が自分で道場をやりたいというのは、家庭と学校教育のほかに、地域社会に、小さい子が自分の足でも通える所に、武道の道場があった方がいいと思うからなんです。それが自分自身の経験から分かるから。

鷲田　要するに、親でもない学校の先生でもないのに、こんなことにこんなに夢中になる、必死になる人がいる、というのを見ることが大事だと思うんです。

大学ってかつては変人が多い所だったんですよ。本当に細かいこと、一つのことだけを寝食忘れてやっていて、他のことには全然常識がないような人がいっぱいいたし、それからアーティストというか芸術家、絵描きさんにしても、今の「アート」っていう感じやなしに、昔の画家っていうと、さっぶい所でもイーゼル立てて、こう、じーっとして…。「絶対あの人には幸福はやって来ない」っていうような（笑）、あんな感じでないと芸術家になれない、と。小説書くんだったら結核にならないといけないとかね、そういうのがあったんですよ。で、そういう人たちが街の中に、目に見えるところにいっぱいいたんですよね。そういうアーティストを見ても、普通の親は子供に推奨しない。会社も行かんと昼間からぶらぶらしてるのを見て、「ちゃんと勉強せんと、あんなんなるえ」とか言うんです。まあそれだって教育、裏面の教育にはなる。でも、それを見ている子供は実は、「なんであんな寒い所で、お金にもならんことを必死でやるんや。雨が降ってきてもまだやってるわ」というふうに、親の言うことよりも、そのおじさんの生き方に魅せられる、打たれるっていうことがあるんですよね。

釈　私も長く、自坊の庭や近所のお寺や小学校を借りて、小中学生に日本拳法をボランティアで指導していました。私はもうお手伝いする時間がないのですが、道場は今も続いています。そこでは、子供たちを親よりも手厳しく怒る大人や、親より細かいことを注意する大人がいます。あるいは、不良の大人とか（笑）。ここね、なかなかいい役目を果たしていますよ。親や先生といったタテの関係でも、兄弟姉妹や友達といったヨコの関係でもない、ナナメの位置にいる人たちです。

私自身の場合は、子供の頃、周りに何をしているのかよく分からない怪しい大人がたくさんいました。そういう人ってよく子供の相手をするんですよ、これがまた。それで、怪談とかがうまかったりして、子供を怖がらせて喜んでる。やたらＵＦＯに詳しい人とか、いろいろいてはりました。ワクワクしたなあ。

子供が育つには「謎」が必要

内田　子供にとって教育というか、成長の一番の契機になるのは「謎」なんです。子供でも意味が分かることってのは別にいいんですけど、子供自身が自分の知的な枠組みを壊してブレイクスルーを果たすためには、「なんでこの人はこんなことをやってるんだろう」というミステリアスな大人が絶対に不可欠なんですよね。いろんなタイプの謎めいた大人が、さまざまな怪しげなことをそこら中でやっている、というのが教育環境としてはいちばんいいと思うんですよね。

平松　ということは、今は分かりやすい大人だらけだと。

内田　そうですね。

釈　今は怪しい人や怪しい場所が少ないですからね。

鷲田　それに大人が言うことが一色なのも問題です。いろんな考えがありうるという、複数の可能性のフィールドを提示する提示するのが大人の責任です。学校の成績が落ちたと親がやんやと説教している時に、おじいちゃんやおばあちゃん、同居している叔父や叔母が、「あんた（＝子供の父親）が子供の時はもっとひどかった。それにやんちゃばっかりするさかい、せんど近所に謝りに行かされた」と茶々を入れると、子供は一歩退いて状況を見つめられる。そして今どっちについておいた方が得かと、考える。そういう知恵を絞ることを覚えて成長していく。それが今は祖父母も叔父・叔母もいないどころか、夫婦がつるみ、「先生もそう言うたはるやろ」と両親と学校の先生とが一体となって子供に迫る。すると子供には逃げ場がなくなる。決裂するか、服従するかの選択しかなくなる。オール・オア・ナッシングで、知恵を絞るどころではないんです。

内田　学校では、文科省は一貫して教員たちの規格化・標準化を推し進めてきましたからね。ある一定の価値観の枠内の人しか教壇に立てないようになってきている。

平松　そういう教育指導要領とかをですね、守らなければならない立場にいる人間としては、どないしたもんかなと思いながらさっきからお話を聞いてるんですが…。たとえば先ほどの、何をしてるや分からん、やや謎めいた大人に子供がときめきを感じるという話に関して、ふと、まったく逆のことを思い出してしまったんですよ。市会の答弁のやり取りの中で出たんですが、生活保護に関する話なんです。

ある子供たちにベースボールを、少年野球を教えることに非常に熱心な人がおる、と。もう何もかも投げ打って一生懸命教えてはる。車に子供を積んで広場に連れて行って一生懸命指導してらっしゃる。で、その人が生活保護を受けている、と。働けるはずやのに、と。生活保護というのは働けない方が受けるべしであって、働けるはずの人がなんでもらえんの？　それやったら働いた時間の残りを、子供たちを教育する方に回してくれはったらええのに…と言うんで調べたら、その人は「いや、3時間働いたらしんどいんです」と。「3時間以上働けないから、職場に迷惑かけると思って働かないんです」と言うんです。ほんで、子供を教えるのは4時間でも5時間でもやっている…という話を聞いた時に、さあどうするかです。

結局、それはあまりにも世間の常識から外れているだろうと。われわれ行政は一応、世間の常識の型にはめないといけない部分もありますし、しかも、**大阪市が全国で一番、生活保護の受給世帯が多い**【※24】という悩みも抱えてますから…。そこはやっぱり働いていただいて、それで足りないところは生活保護で見ましょうと。働いた上で、お金の足りない部分については生活保護で渡しますという制度もありますから、ほんまにしんどうて3時間しか働かれへんのやったら残りの5時間分ぐらいを生活保護で、その代わり野球も教えたってね…みたいな形になったのかどうか。今、先生たちのお話を聞きながら、ほんまど

【※24】大阪市が全国で一番、生活保護の受給世帯が多い
2010年3月末時点で、大阪市の生活保護受給者は14万0946人、保護世帯数は10万8690世帯にのぼり、市民の約20人に1人が生活保護受給者となる計算になる。また、他自治体が受給希望者に転居を勧めるケースなどもあると見られ、社会問題になっている。

うしようと思たんですが…。

お金に換算できない仕事だってある

内田　**サリンジャー**【※25】の『ナイン・ストーリーズ』の中に「The Laughing Man 笑い男」という短編がありまして、そういう人の話なんですよ。その人の場合は20代の青年なんだけれども、社会性がまったくない。ただ、少年たちを集めて野球の練習をしたり、キャンプに連れて行ったり、怖い話を聞かせたり、そういうことに関しては天才的な人で、ニューヨークの下町の町内の子供たちが全員、その若者に魅入られたようについて回る。でもやがてその若者は失恋をして去って行き、ひと夏が終わって子供たちは成長していく…というような話なんですけども、その青年がすごく魅力的に造形されているんですよね。たぶんこの人、大人の目から見たら社会的脱落者なんでしょうね。でも、子供から見たら素晴らしい人なわけですよね。社会性はない。でも、少年の心とい

【※25】サリンジャー
ジェローム・デイヴィッド・サリンジャー。1919〜2010。アメリカの小説家。代表作に『ライ麦畑でつかまえて』がある。1953年に刊行された『ナイン・ストーリーズ』は、サリンジャー自らが自作の短編の中から9編を選んだ短編集。

うか、子供たちがどういう時にワクワクするのか、どういうふうにすれば子供たちがときめくかということに関してはノウハウを熟知しているんですね。こういう人を枠にはめてみると、単に無能な人間、社会的適応力を欠いた人間ということになっちゃう。でもね、人間もいろんなレベルで見なきゃいけないと思うんですよ。「仕事」っていうけれども、子供たちに野球を教えるというのも、長いスパンで考えていったら、お金には換算できないけれども、共同体のメンバーとして立派な仕事をしていると言えるんじゃないかと思うんですけどね。

平松　ただ、「労働」というものをどう考えるか。労働することによって社会に還元する、ということを考えると、今の規範ではちょっと受け入れられない…。

内田　労働という概念をもっと拡大解釈してもらってですね（笑）。

鷲田　働くというのは、「端楽」、ハタをラクにするという駄洒落を言いたいわけではありませんが、だれか端の人を支える仕事をしているのに、労働とは認められていないケースというのもいろいろあります。売れないけど、一所懸命前座でがんばっている落語家や、売れなくて路上で歌っているミュージシャン、それに家事だってだれかがそれをしなければ家庭生活それ自体が成り立たないのに、それは労働とはみなされないアンペイド・レイバー、シャドウ・ワークです。逆に、最終的に人々の役に立つかどうかも定かではない研究に、給料をもらって没頭している人もいる。いろんなシャドウ・ワークに支えられつつです。生活保護受けてたらだんじり祭をやったらいかんのですか、という話なんですね。仕事や務めを「労働」という狭い概念でひとくくりするのは危ないです。

釈　先ほどちょっと船場の話を出したんですけども、船場の基盤を作るのに**近江商人**【※26】がたくさん参加してるんですね。近江商人のモットーは「三方よし」といいまして、「売り手よし、買い手よし、世間よし」という商売やないとあかん、というものです。それが彼らの倫理観やったわけですよね。その子供に野球を教えている人は「世間よし」が欠けてしまってるんじゃないかと。「世間迷惑」っていう…。

内田　（笑）。いや結果的に野球を学ぶことによってですね、学校や家庭でうまく馴染めなかった子が、その少年野球のチームにいる時だけはすごくハッピーだったということがあるとすれば、あるいはそれを通じて成長したということがあるとしたら、「世間よし」に多少は貢献しているということになるんじゃゃ

【※26】近江商人
現在のチェーン店に近い考え方の流通方法を考案するなど、合理化を徹底した商売を展開し、近江地方に留まらず、その活動領域は全国に及んだ。現在の大企業の中にもその流れを汲むとされるものは多く、伊藤忠商事や丸紅、ワコールなどがその代表である。

ないですかね。

平松　いや内田先生ね、大阪市長として言えばですね、生活保護受給世帯がこれだけ増えている中で、懸命に頑張っている人たちもいるわけですよ。ボーダーラインと言われながらも歯を食いしばって、「私は内職もして、いくつも仕事を抱えて、それでなんとか生活保護を受けずに頑張るんや」と言うてる人から見たら、「ちょっと、あのおっちゃん何してんの」ということに、やっぱりなりますよね。

内田　そうかなあ。僕は立派なボランティア活動だと思うけど…。

釈　今日のテーマは「学び」ですが、今の学校教育というのは、大部分が市場原理の力学が働いています。学びにしても「貧すれば鈍する」という状況じゃないですか。有名校の学生・生徒の家庭は、その多くが裕福だと聞きます。「子供にお金をかけることが勝ち組への道」みたいな。「子供の頃から本物に触れさせて、美的感性を発達させる」とか、まるで投資をしているような感覚です。学校教育と家庭との共犯関係で市場原理に引っ張られている。

でも懐徳堂なんかの場合、立ち上げた5つの商家のうち残ったのは鴻池だけで、あとはみんな潰れてしまうんですよ。道明寺屋も備前屋も舟橋屋も、みんな。しかも懐徳堂をやってる最中に潰れてしまって、結構苦労しているところもあります。お金が有り余ってやってるわけではきっとなかったんですよね。でも、「われら貧すれども鈍せず」と言いますか、それでも学びを楽しむ、語りを楽しむというような、ですね。そこには、これからの日本が進むべき一つの方向性があるのではないかと思います。

学ぶこと自体が「道楽」だった維新期の青年たち

平松　そんな中で、**福沢諭吉**【※27】の学びの姿というのを内田先生が書かれていて、それがすごく心に響いたんですけれども。すさまじい勉強をしていたという話なんですね。ちょっとご紹介いただけますか。

内田　福沢諭吉のすさまじい勉強ぶりは『福翁自伝《ふくおうじでん》』に出てくるんです。福沢が適塾で勉強している時に、ある日風邪をひいて熱が出てきたので、ちょっと寝ようかと思って枕を探したんだけれど見つからない。よくよく考えてみたら、

【※27】福沢諭吉
1834〜1901。大坂にあった中津藩屋敷にて生まれる。生まれてすぐに父が病死し郷里である九州に帰るも、20歳の時、再び大坂に戻って緒方洪庵の適塾（P22）に入門する。その後、江戸へ上り、後の慶應義塾の源流となる塾を開いた。『文明論之概略』『学問のすゝめ』などを続々と著し、当時の日本人を啓蒙し開国の気運を高めた。本文中に登場する『福翁自伝』は口語体で書かれた自叙伝。福沢をはじめ、適塾に集った若者たちのがむしゃらな猛勉強ぶりも活写されている。

1年半ほど枕を使ったことがなかった。ずっと机に突っ伏して寝てたから…というエピソードです。とにかく適塾の勉強のやり方というのはすさまじかったようで、大坂の夏は非常に暑いので、みんな素っ裸になって輪読してたっていうんですね。狭い部屋に西日ががんがん照りつけてる中で、若い男たちが素っ裸で蘭書を読んでいる。想像するだけで暑苦しいですけど。その時代、蘭学を修めると江戸だと多少は就職の道はあったらしいですけれど、大坂では蘭学なんかやっていても、ほとんど売れ口がない。だからめちゃめちゃ勉強はしているんだけれど、いったい何のためにやってるのかはよく分からない。経済合理性から言ったらほとんど意味がない勉強をしているわけです。でも、「とにかく今の日本で、この難しいオランダ語で書いてある本を読めるのはオレだけだ」みたいな、わけの分からない意地を突っ張ってやっていたらしい。福沢諭吉は諧謔めかして書いてるんですけど、オランダ語で書かれた本を見て、世界史であるとか世界の地理とか自然科学とか、当時の標準的な日本人が誰も知らないことを少なくとも知識として自分は知っていて、世界の見え方が凡俗の同時代人とは違うんだという自負がかろうじて彼らを支えていたと思うんです。

福沢の蘭学にしても、**勝海舟**【※28】の剣道にしても、あの時代の人って、やる時はすごいですよね。一つ事に一気に打ち込んでいって、それで短期間にバリバリバリッと一皮も二皮も剥けていく。今だったらそのはるか手前で「そんなことしてたら体壊すからやめなさい」とドクターストップがかかるんでしょうけど、その時代だと誰からもストップがかからない。14～15歳から20歳ぐらいまでは、何をやるのでもとりあえず「死ぬほどやれ」ということがこの時代の常識だったと思うんです。何の分野でも「死ぬほど修業する」ということが一種の通過儀礼だったんでしょうね。少なくとも明治時代までは、子供が大人になるためにはどうしてもそこを通らなきゃいけない試練として「修業」というものがあったと思います。「この試練を通過したら大人になれる」という確信があり、それを周囲も認めているから、お金にもならないし、立身出世にも縁がないと知っていながら気が狂ったように勉強する。

釈　懐徳堂にしても、おそらく「なんで学ぶか」という目的があってやってたわけじゃないと思われます。ただ漠然とした学びへの欲求が高まった感じです。近世において、社会が変貌していき、従来の枠組みでは扱えないような問題がどんどん出てくる。大坂が都市化していく中で、何かを打ち破る新しい感動が欲しい。そんな思いに突き動かされたりしたのではないか、という気がし

【※28】勝海舟
1823～1899。江戸末期から明治期にかけて活躍した幕臣・政治家。父の勧めで幼少期より剣術の修業に励んだ。長崎の海軍伝習所に入門した後、万延元年（1860）咸臨丸を指揮して渡米。この際、福沢諭吉も同行している。帰国後は海軍に復帰し、神戸海軍操練所を設立するなど広く人材育成に努め、幕臣だけでなく坂本龍馬ら脱藩した志士たちも門人とした。戊辰戦争では、幕府側代表として徳川家存続を条件に西郷隆盛と会見し、江戸無血開城に尽力した。

ます。もちろん、商売のために実学を学ぶ人もいたでしょうけど…。
富永仲基は**『出定後語《しゅつじょうごご》』**【※29】という本の出だしのところに「暇やから仏教の本を読んで、考えてみた」と書いています。そして、暇つぶしに考えたわりには、すごい理論を打ち立てる。仲基の**「加上論《かじょうろん》」**【※30】などは、従来の仏典の分類からはまったくかけ離れた、違う理屈で見事に仏典を分類しています。しかも、それは今なお有効なものです。なんと仲基は、その理論を15歳の時に完成させていたといいますからね。天才です。醤油屋の三男だった彼を、**三宅石庵《みやけせきあん》**【※31】という学頭が見つけるんですけども、(富永の)著作には「とりあえず書を読んでみた」「暇だから儒教について考えてみた」的なことがいつも書いてあります。一種のポーズでもあるのでしょうが、実際、ただ本当に好きだというだけで学んだような人だったと思います。何がやりたいというわけでもないし、しかも経済的にも結構苦労してるんですよ。それで結局、32歳で亡くなる。すごい才能が早く失われてしまって、まことに残念なんですけれども。富永仲基という人は、何が目的ってわけじゃなしに、もう学ぶこと自体が道楽といいますか、生きることも道楽みたいな、そんな人やったんですね。

【※29】『出定後語』
富永仲基によって書かれた仏教の研究書。仏典を歴史的に研究し、新しい経典は、より古い経典に異なった教説を付け加える、すなわち加上しながら発展してきたものであると説いた。特に、大乗仏教を、釈迦が唱えた説ではなく後から追加されて成立したものであると断じたことで、仏教界から批判の声も挙がった。

【※30】加上論
富永仲基が著書『出定後語』の中で主張した学説。仏教の経典をはじめ、あらゆる思想はより古い思想に説を付け加えることで発展してきたとする。

【※31】三宅石庵
1665〜1730。懐徳堂初代学主。父の影響で幼少から学問を好み、初め朱

「働けるはずの人が生活保護を受けているケースもある。『労働』をどう考えるか…」（平松）
「仕事や務めを『労働』という狭い概念でひとくくりにするのは危ないです」（鷲田）

子学者の浅見絅斎に師事。元禄年間に大坂で私塾を開く。享保9年（1724）、市中の大火のため、平野に避難していたが、懐徳堂の設立者である五同志らに迎えられ、初代学主に就任。諸学の良い点は何でも取り入れることから「鵺（ぬえ）学問」と揶揄されることもあった。

教育を経済合理性で語るな

平松 かつては社会制度として、いい大学に入って、いい会社に就職すれば終身雇用でずっと会社にいられる、年金ももらえる、という神話がありましたよね。でもそれが完全に崩壊してしまった今の世の中で、何を目指せと言えばいいのか。経済合理性の中で教育を語るべきではないという方向性を、はっきり内田先生はおっしゃっています。では、子供たち、あるいは大人も含めて、どの方向を目指せばいいのか、ということが命題としてあると思うんですが。

内田 平松さんのおっしゃる「昔はいい学校に行けばいい会社で働けて…」というのは、「パイプライン・システム」のことですよね。パイプライン・システムというのは、いまでも完全には壊れてはいないわけです。部分的には壊れてるんですけど、7~8割は機能している。それが壊れて不安だという論がありますが、僕は7~8割機能していればいいんじゃないかと思うんです。一生懸命勉強すれば、いいことがある確率が7割ぐらいありますよ、3割は「はずれ」ですけど…ってぐらいじゃダメですかね。自分の努力に対して報酬が得られる確率が70%しかないんだったら努力しないという人は、やらなくても構わないと思うんですけどね。

平松 それが今、7割どころの話じゃなくて、先生のご本を読ませていただいたら、もう子供たち自身が「学ぶ」ということ自体に懐疑的になっているというご指摘がございましたが。

内田 教育を完全に市場原理に準拠して制度化すれば、子供たちがそうなっていくのも仕方がないですね。経済合理性で子供を引っ張って行くというのは「勉強するといいことがあるよ。こんなふうにお金が入ってきて、こんないいことが…」という利益誘導なんですけれど、結局、経済合理性って限界があるんですよ。**村上龍**【※32】は「最終的に人間というのは経済合理性でしか動かない」というシニックな言葉で教育を語ることがあるんですけども、やっぱり経済合理性では尽くされないですよ。「金で動かない」ということはあるんです。いい意味じゃなくて、「金でさえ動かない」という反社会的な子供だっているんです。「いいよ、オレは金なんて」という子供は経済合理性では動かせない。「努力す

【※32】村上龍
1952〜。小説家。『限りなく透明に近いブルー』で群像新人賞、芥川賞を受賞してデビュー。以後、『コインロッカー・ベイビーズ』『69 sixty nine』『イン ザ・ミソスープ』『希望の国のエクソダス』『半島を出よ』『13歳のハローワーク』など話題作を数多く発表している。

れば金になる」というロジックは、「いいよ、面倒くさいから」とか「ダラダラしてる方が楽だから」という種類の反論には対応できないんです。経済合理性で子供を学習に動機づけようとしても、「オレ、金要らない」と言う子供には打つ手がない。

子供たちの中には「成熟」へ向かうプロセスが起動するスイッチがある。それはたしかにあるんです。でも、どのタイミングで、どういうきっかけでスイッチがオンになるのかは本当に分からないんですよ。

だから病気の治療と同じで、いろんなことをやってみるしかない。いろんな紐を引っ張ってみる。そのうちのどれかが当たって治った、と。「どれが効いたか分からないけれど、一応治ったからいいじゃないか」というのでいいと僕は思うんです。

子供の場合にも、いろんなことを投げかけてみる。そのどれかが「フック」して、何かのきっかけで子供が学び始める、何かのはずみで成熟の階梯を上り出す。そうなれば、結果オーライでいいわけなんです。子供の多様性ということを考えれば、できるだけさまざまな動機付けを提供する方が確実なんです。今はとにかく経済合理性一本やりでしょう。それだと、どうしたって「打率」

が低くなるんですよ。

鷲田　河瀬直美さんの映画『**沙羅《さら》双樹《そうじゅ》**』【※33】のなかに、「忘れたらあかんことと、忘れてええことと、ほいから忘れなあかんこと」というセリフがあるんですけど、それをもじって言えば、この世には「絶対なくしてはならないもの、見失ってはいけないものと、あってもいいけど無くてもいいものと、端的に無くていいものと、絶対あってはならないこと」、この四つをきちんと区別できる、そういう遠近法を持っているのが、世に言う「教養」というものだと思うんです。その意味では、勉強がんばればいい大学に入れる、いい会社に入れるというのは、せいぜい2番目のカテゴリーでしかない。それより今、「遠近法」と呼んだような知的体力を身につけることのほうがはるかに大事です。いろんなタイプの生き方をしている大人たちのあいだで揉まれながら。

平松　実は今、ちょうどこの中之島をメイン会場にして「**水都大阪2009**」【※34】という52日間のイベントが開かれていて、もう終盤に入ってるんですけども、この前の土・日曜日にNPOの方たちのご協力を得まして、いろんなワークショップをやったんです。たとえば、「砂場で砂遊びをしてサンドアートを作りませんか」とか、「ペットボトルを持ち寄って、これで何ができるか、みんな

【※33】『沙羅双樹』　2003年に公開された河瀬直美監督の映画。監督の故郷である奈良の旧市街地を舞台にした作品。夫婦とその子供である双子をめぐる家族の物語で、双子の兄がある日突然、神隠しにあったように行方不明となるところから話が進んでいく。

【※34】水都大阪2009　「水の都・大阪」の魅力をアピールするために、大阪府、大阪市、地元企業などが共同で開催したイベント。09年8月22日から10月22日まで開催された。中之島をメイン会場とし、大阪市内各地でアートイベントやワークショップ、街歩きツアー、水上カフェなどが開かれた。来場者数は約190万人とされている。

でやってみようよ」とか。実は最初、その企画だけを見た時には、うまく行くんだろうかと心配をしたんです。というのは、先ほど鷲田先生がおっしゃった「遊園地」のシステムを作らずして、そういう場だけをポツンポツンと置いていいんだろうかと思ってたんですが、ふたを開けると、すごいことになってまして。子供たちが朝から砂場に入り込んだら、もうそこから出てこないぐらい一生懸命になって、目の色変わって。で、そこから出てきたら、次の絵の具遊びでも、体じゅう絵の具まみれになってやってる所にジイーっといる。そういう空間を見てますと、カリキュラムというか、流れのある教育って何なんだろうな、と。この子供たちの笑顔が、家に帰った時に今度は別の方向で意欲が出てくるトリガーになってくれればいいな、と思って見てました。

当初はこの1年、52日間だけしかやらないイベントだと思っていたんですけど、今、私の気持ちの中では、このNPOの人たちに総括をしていただいたうえで来年も、もっと安い予算で、もっと短い期間でもいいから、この公園の場所をお貸ししようと。「場所をお貸しするから、もしおやりになるという人があったらぜひどうぞ。宣伝は市がやりましょう」みたいなことを考えているんですけどね。ですから、学びの場というか、触発される場を公が用意していこうと。お金を出して、施設を作ってどうこうというのは、ようさんお金があった時代はそれができたんですが、鷲田先生からご指摘いただいた通り、今は何もお金がありませんので（笑）。そういった方向も考えながら、このナカノシマ大学そして大阪大学21世紀懐徳堂というものを街場の学びの場にできないかということで、最後に鷲田先生から順番に締めていただきたいと思います。

答えのない問いを考える力

鷲田　これまでのいろんなお話をうかがって、思ったことを一つ二つお話しします。

たとえば「僕が先に死んでも、あの子は大丈夫だろう。あの子なりにやっていくだろう」と安心してバイバイできるような、たくましい人を育てるというのは、受験勉強みたいに必ず答えがあって、誰がそれを一番先に解くか、あるいは答えを見つけるか、というような「トレーニング」とは絶対的に違うものです。何が問題になっているのかさえ全然分からない、うまく見えないままに、どうにか取り組まなければならない、どうしても解決しなければならない問題にどうやって取り組むのかという、その力こそが大事だと思うんですよ。

たとえば政治だって答えのないことだらけじゃないですか。AとBの政策のどっちを先にやった方がいいか、外交でも相手の出方が分からないまま、不確定なままでも、その都度決断していかなければならないわけですよね。ものすごく不確定な状況の下で、正解が見えない中でも「こちらで行く」と決めなければいけないのが政治というものだし、医療や介護の現場などでも、本人の意志だけでなく医師や看護師、病院や施設の事務職員の考え、そして何より――これが意外に本人の思いとは食い違うことが多いんですが、家族の希望とさまざまの相容れない考えが錯綜するという、正解のない場で、方針を決めていかなければならない。人生だってそうですよね。人生で一番大事な問題――生きていることの意味とか働くことの意味、あるいは「私とは誰か」なんて、歳いったって結局最後まで分からないことの方が多いですよね。でも、そういうものにこだわりながらしか、われわれは生きられない。だから、答えがないままにどう生きるか、どう行動するかという〝勘〟…と言ったら変ですけど、「こっちゃ」という勘が働くような人を育てないといけないと思うんですよ。

最近、教育学者の間で流行りの教育格差論というのがあって、「いい学校へ行くためには、裕福な家庭で、早いうちから塾にも行かないといけないんだ」と。最初から経済的な差別があるから、貧しい家の子供は結局いつまでもいい教育を受けられない、いい学校に行けない、いい就職口がない、それでますます格差が開く…というんですね。でも正直言って、僕はこの議論は好かんのです。というのは、身もふたもないんですよね。それを知ったとして、「ああ俺は結局ダメだったんだ」「敗者復活戦もないんだ」と確認するだけの理論なんですね。さっき釈さんもちらっとおっしゃったけど、「本物の文化や教養に子供の時から触れさせる」という、あの議論は危ないと思うんですよ。本物っていうとたとえば、能舞台で何々さんを見せるとか、クラシックのコンサートに連れて行くだとか、モディリアーニの裸婦の絵を**いつまでも建たない美術館**【※35】の倉庫から出してきて（笑）、ちゃんと見せるとか…。しかし、そんなことだけが本当の教育なのかと思うんですよ。私は実は親が職人だったもんですから、字の書いてある本というと、『家庭の医学』とお経しかない家で育ったんですよ。クラシックコンサートなんて、そんなもん大学入るまで行ったことないしね。

【※35】いつまでも建たない美術館
大阪市立近代美術館（仮称）のこと。平成2年に市政100周年記念事業として美術館建設の計画が持ち上がり、中之島4丁目の建設予定地を購入、準備室も発足した。美術作品の収集も進められ、16億円でモディリアーニの作品を購入した際には話題となり議論を呼んだ。経済状況の悪化などを理由に計画は進んでいなかったが、平成22年1月の「近代美術館あり方検討委員会」からの提言を受けて、建設にむけた整備計画が、現在検討されている。

釈 昔の職人さんはそうなんですよね。「あいつ、字書けるらしいで」「そやから仕事下手なんや」とか言うてね。そんな気質ですよね。

鷲田 (笑)。まあ、そういう下町で育ってきたんですよね。だから僕は子供の時から、そんなに文化的なものに触れてないんですよ。クラシックも知らないし、能なんて見たことない、歌舞伎だって知らなかった。近所で二流の映画を見るぐらいのことだったけれど、でもね、僕はちゃんと本物を見てたんです。つまり、能は見てないけれども能の衣装を作る、その末端でたとえば金糸《きんし》をね、面相筆《めんそうふで》に糊を付けて金箔をこうやって、一日それをやってる。京都に7人しかいらっしゃらないんですが、友達の家に遊びに行ったら、お父さんがこうやって体を屈めて一日それればっかりやってるんですよね。それは、何も能の舞台の、アートの本物じゃないけれど、「これは何やろう」「それほど大事なことなのか」って。で、何がそれほど大事なのか分からないけど、とにかく真剣なんですよ。ちょっとでもいがんだりしたら、自分が絶対に許さない。それは何も金糸だけやない、人形ケース作ってる人を見ててもね、ちゃんとできてるのにボツにしたりとか…。

たしかに今、そういう人は少なくなってきていますけど、アーティストっていうのはまさにそうなんですね。さっき話した、昼間からぶらぶらしてて、「勉強せんとあんなんなるえ」と言われるような人も、実は、別のところでものすごい緻密なんですよ。作品をつくる時なんか、僕らからしたら、もう完全に絵ができていると思うのに、ちょっとしたここの色が違うというだけで全部塗りつぶして描き直したりする。あるいはオブジェを置く時でも、何回も何回も「もうちょっとこっち」「いや、もっとこっち」、また後ろから見て「あと少しこっち」とやっている。僕らには何の意味があるのか、どう違うのか、全然分からない。分からないのに、何であそこまで緻密なんだろう…という。そういう本物には、僕は触れてたんですよ。だから必ずしもね、裕福なお家で小さい時からクラシックコンサートに行ったり、バイオリンを習ったからといって、その人がいい学びをして、生きる力、本当の確かな生きる力が付くかっていうと、そんなことは全然なくて、ほんまはもっといろんな形があると思うんですよ。

釈　鷲田先生、ちょっとお聞きしてもよろしいですか。今日このキックオフセミナーでナカノシマ大学が始まるわけですよね。僕も、なんか知らんうちに講師陣の中に名前が出てるから…、講義を担当することになるようです。でも、この辺りには他にもたくさん学びの場がありますよね。カルチャーセンターもあれば、大学のサテライトもある。その中で、なぜナカノシマ大学を立ち上げるのか。先生はどういう学びの場にしたいというふうに考えてらっしゃるのか。

鷲田　いろんな形があると思うんですけども、少なくとも、ありがたく講義を聴くとか、あるいは難しい話を水割りウイスキーにしたみたいな形のカルチャーセンターなんか、僕は要らないと思うんです、ナカノシマ大学には。

たとえば、この会場の目の前にある京阪電車なにわ橋駅の地下に**「アートエリアB1」**【※36】という場所があって、鉄道カフェとか哲学カフェとか、いろんなことをやってるんです。鉄道マニアの人たちが語り合ったり、哲学だと「他人のことを理解するとはどういうことか」という議論をしたり、経済がテーマになったりとか。それが嬉しいことに、今朝の新聞で発表があったんですが、メセナ大賞の文化庁長官賞というのをもらったんですね。そこのワークショップ…というのは今の流行り言葉だからあんまり使いたくないんですけど、とにかくそこでは、先生は教えないんですよ。問題だけ出して、あとはみんなで議論しなさい、交通整理だけやります、と。それで、今日はどこまで明らかになったか、次の問題として何が残ったかということを、ちゃんと自分たちで把握できるようなディスカッションをやりなさいと。たとえば、そういう形でもい

【※36】アートエリアB1
京阪電車中之島線なにわ橋駅の地下1階コンコースに造られたアートスペース。大阪大学、京阪電車、アートNPOの三者が運営し、作品の展示やワークショップ、講演会の開催など幅広いイベントが行われている。芸術文化の振興に尽くした企業や団体をたたえる「メセナアワード2009」において、その活動が文化庁長官賞を受賞した。

いですし、あるいは、釈さんが必死でお経をやっている、その背中をみんなに見せるとかね（笑）。

釈　え！　そんなんで、みなさんに来ていただけますか。そんなことなら、いつでもやりますけど…。

鷲田「あれ、なんで釈さん、こんなとこでやってんの？」とか（笑）。まあ、いろんな形があっていいと思うんですよ、市民の道場として。

平松　今、鷲田先生にご紹介いただいた「アートエリアＢ１」のラボカフェのラインナップが、お手元の**『月刊島民』**【※37】に載っています。その他にも、大阪大学中之島センターで開かれる講義、それにカルチャークラスターとか。本当にこの中之島が、さまざまな触発の場になるんではないかと思っています。私も、ナカノシマ大学にものすごく期待しているのはやはり、ありとあらゆる触れ合いのきっかけとなる場を提供していただいて、そこで何かおもろいことあるのかなと興味を持った人がぶらっと立ち寄っていただける、そして立ち寄ったからには最後までいてもらえるような、そんな素晴らしいものを展開したい。そんな気でおるんです。では内田先生、最後にひと言。

【※37】『月刊島民』
中之島エリアに特化したフリーマガジン。グルメやファッションなど消費の話題が中心の情報誌とは一線を画し、中之島にしかない街の特性を切り取った特集や、知られざる歴史・文化の話題を伝える記事が中心。多くのファンを獲得したことから、『月刊島民』の講義バージョンともいうべきナカノシマ大学誕生のきっかけとなった。

〝教えたがり〟をどんどんつくる

内田 「おせっかい」というのって、わりと教育にとって大きな要素だと思うんですよ。『**グラン・トリノ**』【※38】って映画をこの間見たんですけどね、クリント・イーストウッドが、隣に住んでるアジアから来た移民の男の子に「アメリカで男ってのはこうやって生きるんだ」ってことをうるさく説教するという話なんです。まさに「余計なお世話」なんですけど、これを一生懸命やってるんですよね。

もう一つ、それと並べるのはクリント・イーストウッドにあまりにも申し訳ないんですけど、『**バンコク・デンジャラス**』【※39】というニコラス・ケイジが出てた下らない映画があって、これはバンコクに行った殺し屋がタイ人の青年に「どうやって一流の殺し屋になるのか」を教えるという話なんです。クライアントに顔を見せるなとか自分の居場所を知られるなとかいう殺し屋の基本ル

【※38】『グラン・トリノ』
クリント・イーストウッドが主演・監督した映画。日本では2009年に公開された。朝鮮戦争での従軍体験を引きずり、気難しく癇癪持ちの主人公は近所に住む人々との交流も絶ち、孤独な余生を送っていた。しかし隣に引っ越してきたアジア系移民の少年と知り合ったのをきっかけに、徐々に心を開き、少年に男の生きざまを説くようになる。

【※39】『バンコク・デンジャラス』
1999年にタイで公開された映画『バンコク・デンジャラス』の監督が、同作品をハリウッド版にセルフ・リメイクした作品。ニコラス・ケイジ演じる殺し屋が、暗殺依頼を受けてタイへ向かう。バンコクで依頼主の代理人、そして聴覚

ールを素人の青年に教える。僕は映画見ながら、「おい、じゃあなんでお前は自分のことをぺらぺらこいつに教えてるんだよ」と突っ込みを入れていたんですけれど、でもふっと、人間の中には「教えたい」というとどまるところを知らぬ欲望があるんじゃないかな、と思ったんですよ。

もしかすると、教育を語る時に僕たちは、ひとりひとりが実はすごい〝教えたがり屋〟なんだということを忘れているんじゃないかなって。それを「本当は教えたくないんだけど社会的な義務としてやってる」とか「賃労働としてやってる」というふうに考えてしまう。さっきの少年野球の人もそうだし、『バンコク・デンジャラス』には殺し屋が「どうやって殺し屋として大成するか」なんてうるさく教える場面なんかもあるんですが、自分の得意なことについて「どうしても教えておきたい」っていう思いは、誰しもみんなちょっとずつあると思うんですよね。その「教えたい」という情熱というか、激しい欲望みたいなものをどうリリースしていくかがポイントになるんじゃないかと思います。

釈 じゃ、ナカノシマ大学はその路線でいきましょう。〝教えたがり〟をいっぱい作る学校ということで。講義を受けた人は、これまた自分が〝教えたがり〟になって、その内容をまたどこかで教えて…というような形で広がってい

障害を持つ少女と交流するうちに、主人公の殺し屋は自らの仕事に疑問を持ち始めるようになる。

くという。〝教えたがり〟の連鎖を起こす。

内田 そうそう、クラスターですからね。

平松 ということで、釈先生からも最後にひと言お願いします。

釈 あの石田梅岩にしたって「ただで教えます。出入り自由です。女性もOK」などと看板を上げて学びの場を設けます。でも最初はほとんど誰も来ないわけですよ。ずっと机の前で待っていて、そのうちに物好きな人がやって来たら懸命に教える。たった一人にでもせっせと語り、問答をしたりする。そうして、だんだん大きなムーブメントになっていき、次々と面白い人材を輩出します。だから、ナカノシマ大学も〝教えたがり〟をいっぱい作って、いっぱい散らばってもらう、そういう場になれば楽しそうじゃないですか。街の学び場として、ヘンなことに夢中になっている人とか、怪しい人とか、好きで学んでいる人たちが集まっている場所にしましょう。「商品のような教育」から外れた方向で。

鷲田 最後に少し、市長にエールを送らせてもらいます。平松市長は苦悩の道を選ばれたと思うんです。財政の問題も頭痛の種でしょうけど、そうではなくて、ものすごい逆説的な役を演じてらっしゃる。私は今日、江戸時代の天領としての大坂の市民の力についてお話ししましたけれども、大阪人の意気地というのは「自分たちの町や生活で、本当に大事なことはお上に任さない」という気概だったんです。だから橋は自分らで作ったし、学校だって作った。で、「大事なことはお上に任さん市民になれ」と、当のお上のトップがおっしゃるというこの矛盾を自ら引き受けようとしておられる。だからこの学校を支援してくださるわけでしょう?

平松　だからナカノシマ大学をやりたい、と。「21世紀の懐徳堂プロジェクトをおやりになるんやったらこんなコンセプトでやりたいんですけど」言うて、さっきの岸和田のだんじり好きと一緒になって鷲田先生を口説いて、今日のこういう形になりました。キックオフセミナーとしてまとまりのないお話だったかもしれませんけれども、逆に、まとまる必要のない話を、人間の根源にある生き方も含めて、広がりのある謎を皆さまに提供できたんではないかなと思います。そういった謎を一緒に探求する旅に出掛けませんか、と。おせっかいばっかりのナカノシマ大学講師陣といいますか、そういうスタッフでやれたら素晴らしいことになるんではないかと思います。

大阪大学総長の鷲田清一さん、神戸女学院大学教授の内田樹さん、浄土真宗本願寺派住職の釈徹宗さんでございました。そして、大阪市長をやっております、平松邦夫でございました。アナウンサー時代にこういう進行役をやれと言われたことは何度もありましたが、どうまとめようかとばかり思っておりました。でも今日は一緒にお話を楽しめる、なおかつ、自分のやりたい方向性みたいなものもお話しさせていただける素晴らしい時間を過ごせたなあと思っております。実は今日、大阪市役所の公営・準公営の決算特別委員会というのがあって、一日質疑に明け暮れていましたが、その疲れもとれた気がします。

いかに「おせっかい」たりうるか。それが、この社会の潤滑油となる、という話だったと思います。ギスギスした統一規範、「一つの規範にしか向いたらあかん」というような風潮が強まっている今の社会の中で心豊かに暮らすための潤滑油に。そういう大阪人の遺伝子というものを、このナカノシマ大学が花開かせるような、そんな学びの場を皆さんにも作っていただきたいと思います。今日はこんな司会役兼何してるや分からへん役を（笑）やらせていただきましたけれども、本当に楽しゅうございました。ありがとうございました。

（２００９年10月1日　大阪市中央公会堂にて）

会場では東大生が学費捻出のために売ったという逸話にちなみ、「ナカノシマ大学芋」を販売。

中入り

「期待」の中点

——「おせっかい教育論」への一視角

鷲田清一

「まなび」というのは知識の習得のことではない。人に何かを諭されることだ。口で、ではない。その人のふるまいや佇まいに諭される、そういう経験のことである。諭されるという言葉が硬ければ、ベルクソンにならって、だれかとの出会いのなかでじぶんが「打ち開かれる」経験だと言ってもいい。

学校に行くというのは、家族や近所のおとなではない、「先生」や「守衛さん」といった別のおとなに出会うということである。そのとき、当然のことながら、戸惑いなり違和感なりにまずは襲われる。これまで出会ったことのない人たちだから、どういうかかわり方をしていいのかわからないからだ。

たとえば、わたしが高校に進学し、そこで出会った教師たちは、わたしがそれまでなじんでいたのとはずいぶん異質な肌ざわりのひとたちだった。

「ちんちろりん」という綽名にぴたりとはまる物理の先生がおられた。用意したプリントを5センチくらいの距離で見ながら話すド近眼の先生だった。一時間の授業でいちどもわたしたち生徒の顔を見ない。物理の公式を几帳面に黒板に筆写し、書き終えたとたんにやりとする。生徒はみな、黒板ではなく教師の背中を凝視している。それが気になりだすや、話もまともに聴けなくなる。だれも聴いていないのに、何が愉しいのか、黒板に向かってにやにやしながら説明を続けるその後ろ姿がなんとも気色わるい。唖然として見つめているうち、そのダークなスーツの袖にチョークの滓がどんどん降りかかってゆく。白の、黄の、赤の粉が。こんどはこっちのほうが気になってくる。うちの親なら「あちゃちゃ、これ先週買ったばかりなのに」と言いつつ白い粉を振りはらいそうなところだが、「ちんちろりん」は粉にも気づかず、ひたすら板書と説明を続ける。なんでこの人、毎日同じことを説明していても飽きずに、こんなふうに一心不乱でいられるのだろう…と、みな不思議におもったものだ。

化学の先生は、本校生徒の模擬試験の成績に一喜一憂していた。他教科の成績のことまで、統計をもとにこまごまと論評していた。なんで生徒の成績が、それも他校との比較で気になるのか、根のところで理解しがたかった。一期生だったわたしたちの大学進学率に創立したばかりのこの学校の評判がかかっているると、ひょっとしたら過剰なまでに肩に力が入っておられたのかもしれない。

生徒としては、ちょっと放っておいてくれと言いたい気分だったが、参考書にも出ていないような、出題の意図のとらえ方の勘所は、とても要領よく教えていただいたような気がする。

日本史の先生は、口ごもるとか、言葉が淀むといったことはまるでなく、一時間、流れるように話しつづけるひとだった。このひとの言葉、つんのめるところがないので、かえって生徒のだれもが歴史とは絵空事かと怪しんでいたのかもしれない。すくなくともわたしが授業中ずっと気になっていたのはただ一事、なぜこの人はぼろぼろになった「旧制三高」のベルトをつけつづけているのかということだった。

現代国語の先生はもっとヘンだった。話すことは高踏的でありながら、生徒には「ひねくれ」としか映らず、それで、あんたの言うことは「屁理屈」だと言ったあかつきには放課後自宅にまで引きずり込まれ、夜中までねちねちとますます高踏的な話を聞かされる。そんな話、生徒よりももっと別にする相手がいるだろうと心中おもいながらも、そこまで生徒に議論でからんでくる、そのこだわりが何であるかが不可解だった。卒業後も、いろんな生徒を呼びつけ、夜中までできょとんとする生徒を肴に、寝転んでちびりやられるのだった。こんな佇まいの家もあるのかと、襖や調度品や本棚を眺めるばかりだったわたしは、その一夜だけで終わりにしてもらった。

古典の先生は、「同じ眼の高さで」をモットーにしているようなひとと、「理解魔」とでも呼べるようなひとなのに、どこか相手をはぐらかすようなところがあり、距離のとり方がなかなかむずかしかった。ある日、昼休みに学校の近くのお好み焼き屋さんで、煙草を吸ったあと、教室に戻る間際に捕まった。きつく叱責されるのかとおもったら、「煙草の紙、ちゃんと拭ってから帰ってこい」と小さな声で言われた。当時は安物の煙草にはまだフィルターがついていなかったのである。「こら！」と怒鳴られたほうが、こちらはこちらでかっこつけた応えもできたであろうが、このときはぶざまに言葉を呑み込むしかなかった。

数学の先生のこと、これは後になっていちばん利いてきた思い出かもしれない。全校でいちばんソリの合わないごりごりの教師、勉強以外のことは何も語らず、宿題をやっていなければ黒板の前で解けるまでずっと立たせておく教師だった。あるとき裏門から帰ろうとして、駐車してあるクルマにふと眼が止まった。後部座席にさりげなく、数学の原書とともにお経が置いてある。あのごりごりのラショナリストであるM先生がお経を読んでおられるというのが腑に落ちなくて、翌日、例の「同じ眼の高さで」の先生に訊ねてみた。「おまえら知らんかったんか。少し前にお子さんを亡くされたこと」。まさに青天の霹靂だった。授業はずっといつもどおりだったし、休講もなかった。教室のだれひとり、異変に気づいた者はなかった。おとなというのはこういうものかと、がつんと教えられたのだ。何も語らないこと、職業人であることに徹すること、そのことで職業を超えたひとの「務め」を教わった。以後わたしは、「務め」という言葉をおろそかにしなくなった。

「まなび」とは「じぶんが打ち砕かれる経験」

大学に入って、さらに多くのヘンな教授の存在にふれることになった。そのたびごとに、こんな身の処し方もあるのかと、心の中で唸った。もちろんあきれること、ばかばかしくなること、なさけなくおもうことも累々とあった。が、大学時代の思い出というと、わたしの場合、まずは「学園紛争」――「学園」という語はまわりのだれも口にしなかったし、その出来事を「紛争」と呼ぶことじたいがすでにある党派性を帯びていた――のなかでの学生としてのそれぞれの立ち位置の違い、つまりは世界の感触の違い、引きずっているものの違い、「許せない」とおもうものの違いを思い知ったことがもっとも鮮烈ではあったが、じぶんが「ちんちろりん」のようになって、朝から晩まで図書館で外国語の文献を辞書を引き引き読み継いだ日々の記憶もある。けれども生協食堂でなじみになった給仕のおばちゃんに中華そばを頼むと、空いているときは間違ったふりしてチャーシューを一枚余分に入れてくれたこと、映画部の友人に同行してちゃっかり映画をタダ見させてもらったその映画館に集う常連のひとたちの奇矯なふるまいのこと、いろんな意味でアンダーグラウンドなひとたちの重層したネットワークを知ったことなど、高校とくらべて大学が外部に対してスカスカであるぶん、それまで知らなかったような類のひとたちとの出会いも俄然ふえた。そしてそこから多くを「まなんだ」。

そういう「まなび」がしばしばドラスティックに起こったのは、書物のなかでである。というかそういうドラスティックな出会いを求めて、いろんなジャンルの本をむさぼり読んだ。それまであたりまえとしてとくに問わなかったじぶんの思考の前提ががらがらと崩される、そういう瞬間をもとめて。大学二年生のときにはじめてふれたメルロ＝ポンティの言葉でいえば、「おのれ自身の端緒がたえず更新されてゆく経験」というのが、その頃のわたしの読書体験の基調だった。そしてその思想家や文学者たちは、こういう場面ならあのひとはどう考え、どうふるまうだろうか、というわたしの問いかけの宛先であるようなひとたちだった。

この本で並んで語り、書いている内田樹さんがどこかで書いておられたと記憶するが、実在の、あるいは書物のなかのひととの出会いをきっかけに、それまでより「もっと見晴らしのよい場所に出る」ということが、「まなび」の意味だと、わたしもおもう。

「出会い」、この言葉が甘ったるけれぱ「じぶんが打ち砕かれる経験」と言いなおしてもよいが、それは予測できないかたちで起こるものだから、その意味で、「まなび」は学校の管理者によって囲い込まれるはずのないものだ。

ここまでつらつらと書いてきた「学校」での思い出は、まことにありふれたものである。漱石の『坊ちゃん』のほうがはるかに気の利いたカリカチュアライズをしている。はじめて「異人種」にふれたときの小さな驚き、それをいまも鮮明に憶えているのは、当時の小さな無数の経験のなかでこれらだけはなにかの痕跡をいまもわたしに遺しつづけているからだ。他の出会いはぜんぶ忘れても、このひとたちのひととしての感触だけは、時とともに意味をずらしながらもじわりじわり膨らんできた。アイデンティティといえば生涯をつらぬく一本の糸のように変わらないものと考えられることが多いが、わたしは逆で、「じぶんはだれか?」と問うときには、じぶんがこれまで出会い、それを機にじぶんが打ち砕かれてきたその不連続の出来事、そしてじぶんを打ち砕いた相手の名を列挙することのほうがはるかに実情に近いとおもっている。「まなび」は他者をとおして起こるものであり、あのときはわからなかったが今だったらわかるというふうに、長い時間のなかでじっくり醸成されてゆくものなのだからだ。

「憧れ」によって生まれ、「模倣」ではじまる

「まなび」が「まねび」と同根であることには、深い意味があるとおもう。このことをわたしは、これまでの経験から、そして日本語の語源考からではなくて、十九世紀の中葉に生まれたフランスの哲学者の書き物から、まなんだ。ベルクソンの『道徳と宗教の二つの源泉』である。

かれは、命じられる義務、つまりはなんらかの「圧力ないしは圧迫」によってかたちづくられる道徳のその対極にもう一つ、「招き」もしくは「憧れ」にもとづく道徳というものがあるという。そして、歴史に名を連ねる「善の偉人たち」が、その背後に彼に「倣おう」とするおびただしい群集を引き寄せたのはどうしてなのかと問うて、こう書いた。

聖徒や偉人は他人に向かって何も求めない。しかも彼らは漁《すなど》るのである。彼らはあれこれと諭す必要すらない。彼らがただいるというだけでよい。そういう人のいるということが、そのまま招きとなる。けだし、この点こそまさにこの第二の道徳の特質にほかならぬからである。

（森口美都男訳）

古代ギリシャの「ミメーシス」の概念から、西洋中世の僧トマス・ア・ケンピスの『キリストに倣いて』（Imitatio Christi）にみられる「イミタチオ」の概念まで、まねびと倣い、つまり〈模倣〉というふるまいには、深い意味が託されていた。他のだれの受け売りでもなくそのひとにしかない個性や才能、それによってひとははじめて固有の存在（パーソナルな同一性）を得るという思想が巷を席巻するようになるまでは。他者の模倣、つまりイミテーションはもともと偽物のことを言うのではなかったのである。

模倣は他人の受け売りのことではない。他者のふるまいをなぞることで、「魂が打ち開かれる」ことである。冒頭でも引いたこの「打ち開かれる」という語も、じつはベルクソンのこの本から引いたものである。「まなび」が、このように「魂が打ち開かれる」あるいは「動かされる」経験だとすれば、それはこれまでのじぶんが砕け散るという体験をつねにともなう。壁にぶち当たらずに、道を逸れずに、まっすぐ進むというのではなく、つまずく、揺れる、迷う、壊れる…ということ、そこからしか「まなび」は始まらない。その意味では、落ちこぼれや挫けもまた、大事な「まなび」のプロセスなのである。

ベルクソンは「彼らがただいるというだけでよい。そういう人のいるということが、そのまま招きとなる」と書いている。「招き」とは、そのひとの言葉、ふるまい、佇まいに、吸い込まれるようにして感化されることである。そのひとと同じように考え、語るしかできないほどに、吸い込まれてしまうことである。それまでじぶんが脚を置いていた座標系がぐらぐら揺れだし、別の「もっと見晴らしのよい場所」へと「打ち開かれる」ことである。そうした開かれは、まずは「憧れ《アスピラシオン》」によって生まれると、ベルクソンは言う。わたしはといえば、この言葉、むしろだれかに出会ったときの激しい、あるいは微かな「ときめき」とでも訳したいところだ。「ときめき」がなぜ生まれたかはじぶんでもわからない。「招き」はだから、わたしたちの言葉でいえば「おせっかい」ということにもなる。

子どもは大人が口にする言葉をまっすぐに聞くのでもなければ、そのふりをただまねるのでもない。その姿、その佇まいを、後ろからしかと見ている。生きるうえでほんとうに大事なことは、こういう姿、こういう佇まいをつうじてこそ伝わってゆく。高校時代の先生のことを思い出しながら、背中のもつ意味は大きいとあらためておもう。背中を見ながら、何かを学ぶのではなく（知識はじぶんで調べるしか方法がない）、スタイルを学ぶのである。〈知〉の使い方のみならず、〈知〉がそのひとのなかで占めている位置まで、見てとるのである。その位置を不審におもわれた教師には、たぶん以後信頼は寄せられることはない。

柳田国男はかつてこう書いていた。「昔の大人は自分も単純で隠しごとが少なく、じっと周囲に立って視つめていると、自然に心持の小児にもわかるようなことばかりをしていた。それに遠からず彼らにもやらせることだから、見せておこうという気もなかったとはいえない」、と。

整ったところだけを見せるのではない。いいかげんなところ、愚かなところ、そして「馬鹿」がつくほど一途なところ。それらを仕事場で、あるいは祭礼のときに、ぜんぶ、見せるともなく見せるのである。本気でしなければならないこと、羽目を外していいこと、おもいきり興じていいこと、絶対してはならないこと…。そういう区別を子どもたちは体でおぼえてゆく。いってみれば〈価値の遠近法〉というのを身につけてゆく、更新してゆくのだ。

子どもを取り巻く「期待の過剰と過少」

「招き」（おせっかい？）に対して面はゆい「ときめき」をもって応える。「まなび」はこういう関係のなかで生まれる。もちろん、そのなかで立ち消えもする。「ときめき」がぺしゃんこになって途絶えもする。

「招き」にはいくばくかの期待が込められている。「期待」という言葉は「そんなに期待しているわけやないでえ」という逆の声が倍音のようにともなっていないところでは、かえって負担を重くするだけである。

そういう点からすると、いま若いひとたちに向けられている「期待」は、期待されすぎと、期待されなさすぎという両極に、激しく引き裂かれているようにみえる。そのぶれにかれらは翻弄されていて、それがかれらの「生きにくさ」をますますもって募らせているようにみえる。

期待のされすぎはなぜしんどいのか。

とてもできそうもないという予感が負担になるということが、もちろんいちばんにある。が、それ以上に、未来の可能性をあらかじめ「おとな」が包囲し、限定してしまうというところに、期待される側のしんどさがある。そこでは、「おとな」が細部にいたるまで未来への道筋を描きすぎる。そして子どもがその道筋から少しでも外れだそうものなら、すぐに修正を強いる。自身が気づくのを待ってくれないのである。だから鬱陶しいし、負担になるのである。

もちろん、期待されすぎとわかっていて、しかしその期待にうまく応えてしまえる聡い子も少なからずいる。いわゆる優等生である。が、期待に応えられてもやはり期待のされすぎはしんどいのである。なぜなら、ほんとうに聡い子は、「おとな」の期待に他の子よりうまく添えているじぶんを、じつは肯定することができない。むしろそこに自己への偽りを見るのである。ほんとうはそんなことしたいわけではないのに、他者のからの期待に器用に応えてしまえるじぶんを、低く評価する。そういう自己への否定的な感情を、聡い子は溜め込んでしまうのだ。

世に言う「親ばか」はこれとは似て非なるものである。それは、期待のしすぎではなくて、「うちの子は違う」という根も葉もない確信の過剰である。そんな親の期待にとても添えないと感じている子は、むしろ自身の力量を冷静に見ていて、「そこまで言ってもらわなくても」と、うれしくもこそばい気持ちになる。

ではつぎに、期待のされなさすぎはなぜしんどいのか。

とんと期待されないというのは、期待の対象としてじぶんが認められていないということである。いってみれば、じぶんの存在がなきがごとくに扱われている。だからこれもまた当然、自己自身への過小評価につながる。

そもそも期待が向けられないところでは、いうまでもないことだが、期待の具体的な内容がメッセージとして贈られてこない。「あなたにはこうなってほしい」という、宛て先の明確な期待が寄せられない。「おとな」が一般論としてじぶんの希望を述べているだけである。だから、「ああ、わたしは期待されていないいんだ」と思うほかない。

先ほどちょっとふれた「親ばか」に似ていて確実に違う発言に、「うちの子にかぎって」という口ぶりがある。こういう言い方で擁護されることは、子どもにとってはちっともうれしいことではない。期待は「うちの子」に向けられているのであって、この「わたし」に向けられているのではないからだ。期待されなさすぎている子は、この意味でも、期待に応えるチャンスをあらかじめ奪われているのである。

期待の過剰と期待の過少。これをいいかれば、期待のオール・オア・ナッシングということになる。このオール・オア・ナッシング、両極端の二者択一こそ、今の子どもたちを取り巻いている心的環境であろう。子どもに対して、母親がねちねち小言を繰り出せばそれを夫が諌める、夫婦がこぞって子どもを追いつめているように見えると祖父あるいは祖母が、あるいは同居の叔父、叔母が夫婦をちゃかしに入る、あるいは教師が両親をたしなめる…。子どもを取り巻くはずのそんな幾重もの環がどんどん一枚壁になっていき、夫婦があれこれ諍いをするのではなく、親と教師が諍いをするのでもなく、夫婦が、あるいは両親と教師とが、一体となって子どもに向きあう、そういう環境が子どもを包囲している。子どもはいよいよ逃げ場がなくなる。決裂するか服従するかの選択しかなくなる。祖父母の、叔父叔母の、教師のそれぞれに異なる意見があれば、子どもは、こういう状況ではどちらの意見につくのがよいか、算段できた。悪知恵をはたらかすこともできた。

期待する側からいえば、期待のしすぎでもしなさすぎでもない上手な期待というのは、期待への応え方にある裁量の余地を残すものだ。おとなのほうが、「ああ、そういう応え方もあったのか」と、自身の期待に修正を促されることもある。子どもから痛いところをつかれることもあれば、虚をつかれること、裏をかかれることもある。そうするとおとなのほうは、「今どきの若いもんは感覚が違うなあ」と、ときに感心せざるをえなくもなる。「ほめ上手」というのは、そういうふうに、相手にいろいろ頭を使わせるものなのである。そうして子どもは少しずつ賢くなってゆく。知的にタフになってゆく。

期待の過剰と期待の過少は、家庭や学校だけでなく、企業のほうからも迫られる。バブル崩壊までの大企業は、大学教育に期待しなさすぎた。大学では学生に知識だけつけてくれたらいいので、「ひと」としての余計な知恵はつけないほうがいい、ひととしてのしつけや企業人としての才覚は「社員教育」でつけますから、というのが決まり文句だった。ところが近頃の企業は大学に期待しすぎる。「コミュニケーション能力」だ、「人間力」だなどと、社会人としてあたりまえの力をしっかり鍛えてほしい、と強い注文がつく。と言いつつ、片方では、学生が専門課程に進学するやいなや、就職活動に引き込み、「シューカツ」漬けにする。もっと学生を鍛えてくれと言いつつ、その機会を取り上げてしまうのである。

「見ぬふりして見る」大人のいるまちを

両極端ではなく中間の緩衝地帯が必要なのだとおもう。心中ほのかに期待しながら、「悪いけど、それほど期待しているわけじゃあないからね」と口にするような、そういう絶妙に中途半端な期待、あるいはクッションのようなものが。

「コミュニティの崩壊」ということがしきりにいわれるが、失われたコミュニティというのは、そういうたがいにそれとはなしに気を配りあう関係、つまりは期待しすぎもしなさすぎもしない、破裂する前に可能なかぎりのフレクシブルな形をとりつつ身を持してゆくクッションのような関係のことではなかったのか。

見て見ぬふりをするのではなく、見ないふりしてちゃんと見ているようなまなざし。かつての職住一致の生活空間には、そのようなまなざしが、まなざしとして刺さないよう気づかわれつつ、そこここに充満していた。家庭の事情で子どもが泣きじゃくりながら通りを駆け抜けるのを見、すぐにでも声をかけてやりたいところだが、その場しのぎの解決にしかならないことを知っていて、だからだれそれとなく、無茶をしないかと黙って遠目に見ているような光景が、あたりまえのこととしてあった。「育てる」などといわずとも、そこにいれば子どもが「見ぬふりして見る」大人たちに囲まれて「勝手に育つ」、そのような場が。

しかし現代の集合住宅にそのようなまなざしの厚い交差を期待するのはむずかしい。ひとびとの集住のかたちが、地べたの水平のものではなくて、高層建築という立体のものになると、個々の家は鉄の扉で閉ざされ、内の気配はうかがえず、たがいに顔を合わせるのはたまたま乗り合わせたエレベーターの中でだけ、ということになる。たがいに見るか見ないかのいずれかになり、「見ぬふりをして見る」というグレイな関係が成り立たなくなる。子どもがそこにいれば勝手に育つ、そんな空間が困難になる。

とんだ夢想かもしれないが、わたしは大都市にあっても、郊外のベッドタウンにあっても、シャッターの下りた地方都市にあっても、「限界集落」と呼ばれるような過疎地にあっても、職住一致というポリシーでまちを再構築することを本気で考えなければならない時代がきているようにおもう。もちろんすぐにそれは不可能であろうから、さしあたっては「学校」という場所を、さまざまな「おとな」が地域の施設としてあたりまえのように使うというふうにもっと風通しのよいものにしたうえで、あるいはまた年齢別の厳格な学年構成というものを根本から見なおしたうえで、うまく活用することを考えるよりほかない。「学校」はたぶん、それにちょうどいいサイズである。いいサイズだから、官制の学校だけでなく、「ナカノシマ大学」のような教えるひとと教えられるひととがときに反転するようなガッコーへともっと拡散させてゆけばよい。

子どもはいつもおとなのまっただ中で揉まれることで、みずからの皮膚を鍛えてゆく。今の子どもは、ひりひりとした赤剥けの皮膚を晒しあうのが痛いからこそ、「他」なる者との出会いの可能性のありそうな場所からあらかじめ退くことしか図れない。この時代、子どもの身の安全を第一に考えると称して、じつは、ひとびとのあいだで揉まれ、傷つきつつ、しかもすぐには腰砕けしてしまわぬタフな知性を少しずつ鍛え上げ、やがてもっと広々として見晴らしのよい場所に出る、そうした機会から子どもたちをシステマティックに遠ざけているという事実に、ひとびとはもっと心を痛めるべきである。

第2夜
「続・おせっかいな教育談義」

座談会第2夜は、ナカノシマ大学の開講から3カ月あまり後の2010年1月18日、大阪・西梅田のフレンチレストランの一室を借りて行われた。前回が、オーディエンスを前にしたオフィシャルなセッションだったとすれば、今回はアフターアワーズ的なリラックスムード。この前日に発生15年を迎えた阪神・淡路大震災当時の話に始まり、目の前に並ぶワインや食材から農業の話題が展開し、内田樹氏が主宰する「甲南麻雀連盟」の話題から、麻雀がいかに学生の世界を広げるかという話になり…。いくつかのイントロを気ままに奏でつつ、4人の「教育論セッション」は始まっていった。

「生活実感を言語化するってことを僕は母親の語り口から訓練されたんです」（内田）
「人間は本来、多様性があるから面白いんやということを僕は内田ワールドから学びました」（平松）

「おばさん的思考」に見習うべし

平松 内田先生がおられる神戸女学院は、関西の良家の子女が集まると言われてる学校ですよね。いや、怖いなあと僕思うんです（笑）。セクハラやなんやと仕掛けられたりする、絶好のターゲットになる素質を十分持ってらっしゃるやないですか。

鷲田 僕はね、内田さんと初めてお会いした時はイメージが違った。『おじさん的思考』とか読んでたじゃないですか。で、実際にお会いしたら「あ、この人おばさんやな」って。

平松 その「おばさん的」というのが、逆に言うと、関西の風土に合うんですかね。

内田 鷲田先生もおばさんですよね。

鷲田 僕も？　自覚が足りませんでした（笑）。

内田　おばさんだと思うけどなあ。あと、**養老（孟司）先生【※1】**は確実におばさんですね。僕の場合は、やっぱり母親と長い時間一緒にいたっていうのが大きかったと思います。子供の頃から、母親とおしゃべりしていたから、わりとずっと40代50代の女性の物の考え方に共感できちゃうんですよ。中学生の頃は家に帰ると、ずっと母親と差し向かいで、お茶飲んだり大福かじったりしながら、近所の人の話をしてたから。愚痴とか、噂話とか。「あそこ、実は再婚なのよ」「へえ」とかいって（笑）。おばさんたちの話って、何の結論もないままズルズルと横道に逸れていくじゃないですか。あれを延々と聞いてたんですよね。兄貴が不思議な顔で言うんです。「なんでおまえは、あんなつまんない話を何時間も聞けるんだ、信じられない。俺は2秒で飽きちゃうけど」って。でも僕は平気だった。たぶん結構好きだったんですね。おばさんの話って、結論が突然なんです。話を切り上げる時って、いきなり「結局、世の中お金ってことよねえ」とか、「結局、人間、頭よねえ」とか、そのたびに教訓が違うんだけれども、いきなりそういう包括的原則を述べて話を切り上げちゃうんですよ、おばさんは。

平松　そこでコマーシャルが入る、みたいな（笑）。

【※1】養老孟司
1937〜。解剖学者・脳生理学者。4歳で父親を亡くし、小児科医であった母親に育てられた。文化・社会・言語など人の行為がすべて脳の構造に対応しているという「唯脳論」を提唱。社会や文明をテーマに思想的言論を広く展開している。ベストセラーとなった『バカの壁』（2003年）、内田樹氏との対論『逆立ち日本論』（2007年）ほか著書多数。

郵 便 は が き

530-0004

切手を
貼って下さい

大阪市北区堂島浜 2−1−29
古河大阪ビル4階
株式会社 140B 行

ご住所 〒

お名前(フリガナ) (歳)男・女

ご職業

E mail

※ご記入頂いた個人情報は小社出版物の資料目的以外で使用することはありません。 http://www.140b.jp

140B 愛読者カード

書名

ご購入書店

ご購入日　　年　　月　　日

本書を何でお知りになりましたか？

□店頭で見て
□新聞・雑誌などの紹介（媒体名　　　　　　　　　　）
□TV・ラジオなどの紹介（番組名　　　　　　　　　　）
□インターネットで（　　　　　　　　　　　　　　　）
□知人のすすめ
□小社ホームページ・ブログ
□その他（　　　　　　　　　　　　　　　　　　　　）

本書に対するご感想

いま気になる「人」や「テーマ」や「本」

当社へのご意見

ご協力ありがとうございました。

内田　そう。「人間、頭よねえ」と言い終わると、そのまま立ち上がって晩御飯の買い物に行っちゃう。僕の母はわりと面白い人で、隣の家の旦那さんと奥さんはどこで知り合って、どんな恋愛をして…とかいった話を、ずっとしてくれるわけですよ。父親って絶対そういう話はしないじゃないですか。だから、僕は人間の正味の生活実感というのをおばさんのディスクールを通じて学習したわけですよね。

鷲田　**鶴見俊輔先生**【※2】もお母さんのこと言わはるけど、正反対やね。お母さんがおじさんみたいな感じ。そういえば鶴見さんにとってのお母さんの存在は、鶴見さんの思考の癖のようなものを中から強力な針金のようなもので曲がらなくしていると言えないこともない。

内田　僕も母親の語り口には影響されましたね。生活実感を語るというか、土着のコロキアルな言語というかね。うちの母親は大正生まれの女学校卒だから理屈っぽいことを話す語彙まではないんだけれど、頭がいい人だったから、生活実感をけっこううまく言語に載せる。生活実感を言語化するってことを僕はたぶん母に訓練されたんです。

鷲田　なるほどね。

【※2】鶴見俊輔
1922〜。哲学者・評論家。厳格な母親への反発から不良少年として10代前半を過ごす。米国留学などを経て思想史研究を深め、プラグマティズムを日本に紹介するなど、戦後言論界の中心人物として活躍。「ベトナムに平和を！市民連合」から「九条の会」に至るまで一貫して市民派の立場からの政治運動を展開する一方、マンガ評論の先駆けの一人としても知られる。

内田　最後は「お金よね」とかいうわりと俗な結論になるんだけども、そこに行くまでに話をぐいぐい引っ張るんですよ。人間とは業が深いものだなって感じさせる話をね。

鷲田　鶴見さんのお母さんだと「あなたがそういう子なら、私、死にます」ですもんね。

釈　鶴見さん自身も、子供の頃に自殺未遂されてますよね。僕この前、自殺者の年代・職業・性別、それから経済指標のグラフを見たんですよ。すると男性の方が、もろに経済指標とリンクしている。女の人は、働いている人も専業主婦も、社会情勢とはほとんど連動していないんですよね。だから、おばちゃんに見習わなあかんのですよ。世の中どうなろうと生きていく、という姿勢をね。

平松　先日のナカノシマ大学でも言いましたけど、僕はうちの教育委員会の人間に内田先生の『下流志向』とか『街場の教育論』を読ませましてね、「これ読んで、感想文書いてよこせ」って言うてるんですよ。まったく出してこないですけど（笑）。教育長としては、「この先生の言う通りにしてたら、うちら仕事にならんな」いうのがあるんですよ、きっと。でも、先生は多くの人が賛同できる世界を開いてくださってるわけでしょ。僕は市長として内田先生の文章に出会ったことで、たとえば**橋下（徹）知事**【※3】とは同じ土俵に乗らない、乗る必要ないと思える心と、「人間は本来、多様性があるから生きていく面白さがあるんや」という開き直りね、そういうものを内田ワールドから学んだんですよ。そんな話をしてると、鷲田先生から「市長、内田先生の影響受けすぎ」って、時々警告がかかるんですけど（笑）。

釈　内田先生は時々「呪い」をかけますからね（笑）。僕も何回かかけられましたよ。内田先生って、言葉で縛りをかけてくるんですよ。気がついたら罠にはまってしまってる。

平松　釈先生もそう？　僕も市議会なんかでね、僕は民主党さんに推薦受けてるから、自公さんが距離を置きながら厳しい質問が飛んできて、共産党はほとんどかみ合わない話で終始する、そういう状況で答弁に立たされるわけですよ。で、予定とは違う質問をされたりした時に、ふっと内田先生の文章が浮かぶんですね。要するに、人間というのは、その場その場にいかに対応するか、そのための訓練をどういう社会人生の中で受けてきたかっていうのが出るんですね。

【※3】**橋下徹**
1969～。弁護士・タレント活動を経て、2008年、第52代大阪府知事に就任。高い支持率を誇る一方、大幅な予算縮減策、府庁移転や関西3空港問題などに関する施策・持論で物議を醸すことが多く、教育に関しても学力テストの結果公表問題、学校間競争の強化、大阪府立大と大阪市立大の統合案など、さまざまな発言で論議を起こす。府と市を解体・再編する「大阪都構想」の実現を目指す地域政党「大阪維新の会」の代表も務める。

答弁の際に必要なのは、まず「あなたの考えは分かる」という姿勢。相手の意見や事情を分かった上で、自分はどう違うんかを分析できて、その状況を鳥瞰図で見られるかどうかです。僕はかつて、ニュースを読むアナウンサーをやってましたから、「感情移入することは悪や」と言われてきた。今のアナウンサーやキャスターは、「なんぼでも好きなこと言え」というようなことになってるようですけども、僕はそれとは違う初期のキャスターの訓練を受けてきた。そういう中で憧れていたのが「アメリカの良心」と言われたキャスターの**ウォルター・クロンカイト【※4】**です。彼が唯一、自分の意見を言ったのがベトナム戦争の時なんですね。「今まで私は自分の意見を言ったことはないけれど、今日だけは言わせていただく。この戦争は間違ってる」と。僕は、彼に憧れてニュースの世界に入ったもんですから、ニュース番組に出る時は、基本的に自分の意見は言ってはいけないんだ、と自らを律していたんですよ。ただ、それでもやっぱり「これはあきませんよ」というのを目線や表情で示さないといけない局面はあって、それをどう伝えようかということは、常に苦心していましたけども。

今、市長という立場になって、記者会見などに出ても、言ってから周りの反

【※4】ウォルター・クロンカイト
1916〜2009。アメリカのジャーナリスト・ニュースキャスター。1962年から81年まで「CBSイブニングニュース」のアンカーマンを務め、ケネディ大統領暗殺、ベトナム戦争、ウォーターゲート事件など数々の歴史的ニュースを伝えた。リベラルかつ愛国的な姿勢、落ち着いた物腰で多くの視聴者の支持を受け、「アメリカの良心」「大統領より信頼できる人物」と言われた。

応を見ているという感じです。「俺は何も意見は言わんよ、ただあったことを言うよ」と。あったことの評価を自分の顔で表現できればいいし、分かる人に分かってくれたらいい、というのがどっかにある。「いや、市長というのは政治家やから、もっとギラギラして、ガンガン自分の主張もせなあかんかな」と考えたりすることもあるんですけど、どうしても飄々としすぎてるように見えるんでしょうね、親しい記者から「もっと主観的に話して下さい、市長」とか言われたりしますよ（笑）。

学力の向上には、生活すなわち精神の安定が不可欠だ

平松　というわけで、そろそろ本題の教育論に入っていきたいと思うんですが…。まず**学力テストの結果公表**【※5】の問題があるでしょう。僕も公表はかまへんと思うんです。けれど、大阪府の教育委員会、つまり橋下さんの唱えるやり方や彼の教育論というのは、やっぱり序列化の発想でしかないと思う。たまた

【※5】学力テストの結果公表問題
第1夜 p46で解説。

ま今日、大阪府の市長会がありまして、そこで聞いた話では早くもその弊害が出てきている。どういう話かというと、吹田市は成績がよかったんですね。そうしたら、成績を公表した直後から「吹田市に引っ越したい。どういうところに住んだらええか」とか「吹田で一番成績の良かった校区はどこですか」とか、そういう電話が市役所にかかってくるそうなんですよ。それはもう完全に序列化を促してしまってるやろう、と。僕は前のナカノシマ大学でも言いましたけど、子供らの発想力とか言語力とかを伸ばす、その部分の教育だけに力を入れてくれたら、あとはもう何も言わへんわと、大阪市の教育委員会には言うてるんです。

釈　鷲田先生もご存じかもしれませんが、大阪大学に**志水宏吉先生**【※6】という教育学の先生がいらっしゃって、全国各地の教育状況を調査してはるんです。志水先生とは、ここ数年、某公立小学校の協議委員を一緒にしています。志水先生によれば、以前は都市部に住んでいる高収入の家庭で、私立の学校に行ける子がいい大学に入るという傾向があったのが、最近は逆転現象が起こっていて、田舎の子の方が学力が上がってるというんですよ。今一番は秋田県なんです。いわゆる地方都市ですね。しかも公立の学校に行ってる子の方が成績がい

【※6】志水宏吉
1959〜。大阪大学大学院人間科学研究科教授。90年代イギリスの教育改革や全国学力テストの調査などを通して、「学力低下」の実態や学力の地域間格差について研究・考察している。近著に『公立学校の底力』（2008）、『全国学力テスト—その功罪を問う』（2009）など。

い。志水先生がいろいろ話を聞いて調べていくと、まだデータは全部出てないそうなんですけど、持ち家率・離婚率・不登校率、この3つの関数が成績に関わってるんじゃないかと。

鷲田 それはどんな風に?

内田 要するに非離婚率と、持ち家率と、登校率。それらと学力が正比例する、ということですよね。

鷲田 大阪市はやっぱり離婚率高いんですか?

平松 高いですね。**政令指定都市でトップ【※7】**です。

鷲田 理屈通りになってるわけやね。

釈 つまり、離婚とか持ち家とか、そういうことじゃなくても、ちゃんと安定した生活ができてるかどうかということなんだろうと思います。家庭の安定感が、結局は学ぶ意欲や知的好奇心につながっているという。

内田 学ぶ意欲というものには前段があって、子供が普通に、精神を安定させて日々生きていくことが担保されなければ、学力なんて伸びるはずがないんですよ。学力って、定義を間違ってる人が多いと思うんですけど、「学ぶ力」のことなんですよ。成績や点数じゃなくて。

【※7】政令指定都市でトップクラスの離婚率
厚生労働省の人口動態調査(2006年)によると、人口1000人あたりの離婚率は大阪市2・66件、札幌市2・46件、北九州市2・31件などとなっている。

それは「消化力」とか「睡眠力」とかと同じで、生きるための基本的な力なんです。ご飯をぱくぱく美味しく食べられて、どこでもぐっすり眠れる力って、人間が生きてゆく上で必須の能力でしょ。でも、それを他人と比較したり、格付けしたりする人はいない。それを使って「何をするか」が問題なのであって、その力自体は考量したり、数値化するものじゃないから。

学力も同じだと思うんですよ。「学ぶ力」なんだから、その力を使って何を学ぶのか、学んだことをどんなふうに生かすのかが問題なのであって、「学ぶ力」自体は人と比べるものじゃない。それより、どうやれば「学ぶ力」は活性化するのか、それを考えた方がいい。とりあえず、生活習慣がきちんとしていて、健康状態がよくて、心理状態が安定していると、「学ぶ力」は向上するということがわかっている。「学びたい」という気持ちが高まる。だったら、そういう条件を整えるといいね、という話ですよ。

釈　そうなんです。ちゃんと家でご飯を食べる、家が安寧な場である。家族一緒に食べる雰囲気とかね。今なんか、ものすごく寝る時間が遅いじゃないですか。若いお父さん、お母さんだと深夜までゲームしているとか、多いそうです。でも田舎やったら早寝早起きやし、夜出かける所もないし、みんな一緒に集まってご飯食べてるし、寒い時はみんなであったかいもん飲んでるとか、そういう生活の安定感みたいなもんがあるんでしょうね。やはり「帰る場所がある」ということは、子供にとって、いや人間にとって、とても大きなことだと思います。「帰る場所」があるから、外で学んだり遊んだりできる。それは、人間の本質的な部分じゃないでしょうか。「おかえり」と言ってもらえる、それだけで辛くても生きていけるようなところが私たちにはありますよね。

大阪は「非イデオロギーの街」ゆえ、街で学問が育った

鷲田　そやけどね、江戸時代の大坂なんて、めちゃくちゃ離婚率が高いし、ほとんどの人が借家住まいでしょ？

釈　おっと、そうでした。しかも江戸時代は高い教育力を誇っていた。

内田　離婚率、高かったんですか？

鷲田　ええ。江戸もそうですよ。今より離婚率高いですよ。「三行半《みくだりはん》」【※8】い

【※8】三行半
江戸時代に庶民が離婚する際、夫が妻に宛てて書いた離縁状。離婚する旨と再婚の許可を3行と半分で書く習俗から、こう呼ばれた。妻が書くことはなかったが、実際には、夫が妻に頼まれて「書かされる」ことも多かった。妻が離婚を望んでいるのに離縁状を書かないのは夫の恥とされたという。

うのは、男が女にするんやなくて、女が男にしたんですよ。「頼むから、もう別れてくれ」って。

平松　三行半っていうのは、もともと大坂からなんですか。

釈　大坂から始まったのかどうかは知りませんが、近松の作品なんかに三行半は出てきます。高津神社の近くにも「三行半坂」とかいう昔からの坂があったように思います。そもそも、結婚や家庭の概念が現代とは違っていた。近代までは、けっこう離婚しやすい社会だったんですよ。

鷲田　それに大坂の場合、一部を除いてほとんど借家でしょ？　さっき話に出たような「安定」の形では決してない。それでも、あの頃はみんな、すごく勉強したじゃないですか。

釈　安定のスタイルや要件が現代とは異なるんじゃないでしょうか。地域とか農業共同体とか寺子屋とか、社会のあり方も違うでしょうし。

　また大坂の場合は、奇跡のようにいろんな条件が重なったと思うんです。懐徳堂、適塾、**含翠堂**《がんすいどう》【※9】など、どっと都市部に「学びの場」が展開しますが、それにはやっぱりいくつかの事情があります。大阪ってはじめは宗教都市だったじゃないですか。それが次に軍事都市になるんです、豊臣秀吉の時代に。今

【※9】含翠堂
大坂南部の自治都市であった平野郷で享保2年（1717）に開設された学問所。郷の有力者7家が創設・運営し、日本初の民間学問所ともいわれる。平野郷在住以外の出資者に、懐徳堂五同志の一人である道明寺屋吉左衛門（富永芳春）がおり、懐徳堂初代学主の三宅石庵が教鞭を取るなど、その運営方法や教育理念は、後に続く懐徳堂に大きな影響を与えた。

の大阪市内の中心部全体を城砦《じょうさい》とする城砦都市ですよね。それが江戸時代になると、今度は商業都市になった。商業・金融都市に変わる時に新しい色がいるわけなんですよ。江戸の武士たちが、例えば『葉隠《はがくれ》』【※10】のように武士道の支柱になる、背骨のような思想を必要としたのと同じように、商人たちが生きていくために何か背骨みたいな思想がいる。そこで、「勤勉」や「誠実さ」や「正直」というのを、明らかに戦略的に支柱にしていったような気がするんですよ。商人たちが生きていくためといいますか、地位向上のためといいますか。

商人というのは、それまで武士からすごく蔑まれていました。でも懐徳堂の人間から言わせれば、「武士というのはロクでもないやつばかりだ。面子や格式や言うてるわりには経済観念ゼロや」となる。経済倫理が全然ないと批判しているわけなんです。ここには新しい思想や価値観を見ることができます。

かつて商業というのは卑しいものやったんですね。そういう社会で商人たちが生きていくためには、新しい体系なり、議論なりが必要なわけで、彼らはめちゃめちゃ勉強したと思うんです。そうして自分たち独自の理屈を作り上げていく。特に彼らは自然科学に傾いていくんですよ。宗教も信用できない、武士も信用できない、じゃあ何が信用できるかというと、自然科学的な実証主義で

【※10】『葉隠』
武士道を論じた江戸時代中期(1716年ごろ)の書。佐賀・鍋島藩士の山本常朝が藩内外の武士の言行を批評しつつ、武士の道徳や心得を述べたものをまとめたもので、「鍋島論語」とも呼ばれる。

す。そこを基にして、経済倫理や商業倫理をかぶせていくんですよ。懐徳堂に山片蟠桃っているじゃないですか。彼がこう言うてるんです。信仰とかオカルティックなこととか、ああいうもんは世の中が平和な時代はかまへん。けど、今みたいに危ない時代の時はあかん、と。めちゃめちゃプラグマティック（実用的・実利的）な話になっていくんです。これがひとつ、大坂の知性を支えることになったんじゃないですかね。

内田 大坂の基盤になる社会システムが時代ごとに変わっていったってこと？

宗教都市、軍事都市、商業都市と。

釈 そうなんです。

内田 変わるたびに市民的エートスみたいなものを組み替えなきゃいけない、と。

釈 はい。で、「町人学」みたいなもんを作らないと生きていけないといいますか、都市を機能させるためのですね。

内田 イデオロギーじゃなくて、どっちかというと…。

釈 戦略ですね。戦略。

平松 それはほとんど、内田先生の『日本辺境論』につながっていくんじゃゃ…。

内田 たしかに大阪って、極めて非イデオロギー的な街ですよね。東京はイデオロギー的な街ですけど。その中で橋下さんという人は、珍しくイデオロギー的な政治家なんだ。

鷲田 大阪ってイデオロギーがなかったんか（笑）。でも、江戸時代の大坂の商人たちにしてみたら、「俺らが一番大事なとこを見てるんや」という自負はあったやろね。

釈 そうですね。自分たちが体中の血管を動かしてるんや、米相場によって日本中に血を流通させてるんや、というわけですね。だから、それは誠実でなければならないし、勤勉でなければならないし、倹約もしなければならない。そういう考えに支えられていたのと、もうひとつは、そのことに対する矜持ですよね。

内田 面白いね。だから大阪って、単品で論じてもしょうがないんですよね。東京との対比の中で論じないと、その意味がよく見えてこない。単独の大阪論ってのは、**丸山眞男**【※11】が日本的なものっていうのを純粋概念として出そうとしたけど無理だったというのと同じで、「何かに対する『大阪らしさ』」というものさしをあてがわないといけない。大阪って、江戸であり東京であるところ

【※11】丸山眞男
1914〜1996。政治学者、思想史家。西洋哲学や社会学に立脚した「近代主義者」の立場から、それまでの皇国史観とは異なる日本政治思想史を学問として確立した。戦後民主主義思想を主導した理論的支柱であり、その影響を受けた政治学者や思想史家たちは「丸山学派」と呼ばれた。

の社会的機能に対して、常にカウンターバランスを取るようにしているところがあるから。

鷲田　まさにそう。大阪は、東京との距離を詰めないね、絶対。

内田　それは、国民国家全体として、バランスを取るためにそうしてるという部分があるんじゃないかな。東京の人にはそういう意識が全然ない。「オレはオレ」だから。大阪の人たちは「東京がこうやからこう」。全体を考えると、こっちがこう言ったら、こうせざるを得ないだろうと。全体を見るっていう点では、東京の人より、東京とのカウンターバランスを取らなきゃいけない大阪人の方が見てる。

釈　大坂の商人は、ほとんどが仲買や問屋だったということも影響してるんでしょうね。生産したり、小売したりはあんまりしない流通の町やったわけです。でも、しばらく人をここにとどまらせるだけの面白さは持っていたんですよ。

頼山陽《らいさんよう》【※12】という一流の文化人がいて、たびたび広島と江戸を往復してたんですけども、その途中につい大坂に寄って長逗留してしまう、面白いから、と言っています。たとえば**木村蒹葭堂**《きむらけんかどう》【※13】に行ったら珍しい本がいっぱいある、

【※12】頼山陽
1780〜1832。江戸時代後期の儒学者、歴史家、漢詩人。広島藩の儒学者の家に生まれる。江戸や京都に遊学し、歴史書『日本外史』を著した。京都に居を定めた後、山陽の周辺には京阪の文人が集まり、一種のサロンが形成された。

【※13】木村蒹葭堂
1736〜1802。江戸時代中期の文人、博物学者、画家。博学多才で、奇書珍籍・書画・骨董などの一代蒐集家としても知られ、現在では「なにわの知の巨人」とも称される。蒹葭堂とはもともと大坂・北堀江にあった彼の書斎のことで、これを号とした。

珍書・奇書がある、骨董品がある、面白い詩を作るやつもいっぱいおる。それでついつい長居してしまう。で、蒹葭堂にしばらく留まった後、今度は**先事館**《せんじかん》【※14】に行ったら天文学やっとる。ここも面白いからつい長い間逗留してしまうと。そんなふうに、常に人を引き止めるだけの魅力を持っている。そう書いているのは頼山陽だけじゃなくて、**伊藤東涯**《いとうとうがい》【※15】とか、いろんな人が同じようなことを言ってます。しまいに住んでしまいますから。あんまり面白いんで。

大坂という町は、流通を支えるコネクターだったんですけども、そこにしばらく滞在させるだけの魅力を持っていた。それだけの魅力があったわけで、そうすると、ものすごい頭脳や知能が溜まってきますよね。すると、今度は町人がその人たちの話を聞きに行くわけですよ。「面白い先生が逗留してるらしいで」と噂になって、みんなが集まって来る。人がいっぱいおるから、先生も喜んで話しますよね。おせっかいでしゃべるわけですよ。別に頼まれてもいないのに、みんなが集まってくるもんやから。ますます面白くなって、どんどん逗留が長くなって、なかなか江戸に着かない、家に帰れない、ということになってくる。

【※14】先事館
江戸時代中期の天文学者、麻田剛立が主宰した塾。麻田は豊後国杵築藩の藩医だったが、天文学を志して脱藩。大坂・本町に研究拠点となる先事館を開いた。実測を重んじ、観測器具を独自に改良・製作。「ケプラーの第3法則」と同じ法則を発見するなど、画期的な業績を上げた。

【※15】伊藤東涯
1670〜1736。江戸時代中期の儒学者。父の仁斎が京都の堀川に開いた儒学塾「古義堂」を受け継ぎ、多くの門人を育てた。

「大坂にはものすごい頭脳や知性が溜まっていた。人をしばらく滞在させる魅力があった」（釈）

東京にいると「日本」が見えなくなる理由

平松 内田先生は関東の育ちで、今こういう形で関西圏にいらっしゃって、釈先生のお話はお分かりになります？

内田 東京にいる時は、「東京にいる」と自覚したことがないんですよね。「東京人とは何か」なんて考えたことがない。東京で生まれて育って、「ここが日本だ」と思ってるわけですよ。で、ぼおーっと暮らしていて、僕は途中で日本が嫌になっちゃって（笑）、こっちに来たわけなんですけども、来てはじめて、日本全体がどういうことになってるかを真剣に考えるようになりました。だから、東京ってものすごく歪んでるなと思います。あそこにいると、思考停止になっちゃうんですよ。東京にいると、日本列島があって、いろんな人たちがいて、いろんな状況があって、さまざまなことが起きて、それぞれ事情が違うってことが、意識化されない。自分の今日明日のことしか興味がない。そして、自分の今日明日のことをやってると、またそれがすぐメディアに出るんですよ。自分の隣にいる人としゃべっていると、それがメディアに出るって感じで。だから、「ああ、これが世界なのか」と思っちゃう。そんなふうに異常な近視眼になる理由の一つは、出版文化の99％は東京でしょ？　メディアもほとんど東京でしょ？　あれね、身内で話を作ってるんですよ。

鷲田　その弊害が、たとえば高知とかね、つまり「陸の孤島」と言われる所ってあるじゃないですか。ああいう所に出るんですよね。関西圏だと、京都から大阪、そして神戸、岡山というふうに地続きで行くから、少しずつバイアスはかかるけど、ちょっとズレていくだけで、あんまり勘は狂わないんですよ。だから、東京の情報にも「あれはメディアの中だけのこと」って、あまり惑わされないんですけども。ところが、例えば高知なんかに行くと、隣の徳島との付き合いもあまりないでしょ。孤立してるじゃないですか。でも本屋に行けば、昔だったら『an・an』とか『プレイボーイ』とかが並んでいて、それを見て「東京の人ってこんな服着てんだ」となる。それで突然、高知市内に表参道のファッションが現れるんです。昔、調べたことがあるんですけど、ミニスカートの長さって、都会が一番長いんですよ。関西やったら大阪が一番長くて、姫路の西が一番短かった。「大阪ではこんな格好してるだろう」と、雑誌を見て思っちゃうんですよね。

釈 たしかに滋賀県とかもかなり短いなあ（笑）。周辺に行くほど極端になっちゃうんだ。

鷲田 だから東京の鏡はね、実は高知とか、陸の孤島といわれる所なんですよ。合わせ鏡になっている。

内田 そういうことが東京にいると分かんないんですよ。たとえば、大学院の研究室で先輩としゃべってて、「面白い話だな、じゃあ来月の『現代思想』に書こう」って、その話が『現代思想』に出たとするでしょ。すると、たまたま僕と先輩が個人的にしゃべってたことが、さも日本の現代思想における緊急の論件であるかのように見えてくる。明らかにトリックなんですよ。一番大きな理由は、エディターが手を抜いてるからなんです。めんどくさいから。一度書いた人に「誰かいませんかね」って聞いて、「ああ、こんなやついるよ」って紹介されたら、その友だちが書いて…。そんなふうにして、狭いサークルの中で書き手が調達できちゃう。それにメディアの人はもっぱらメディアと仲間うちからしか情報取らないから、いつのまにか同一の情報がぐるぐる循環するんですよ。「最近はこういうものが流行っているそうなんですけど…」というような取材がよく来る。「知らない、それ何?」って訊くと、「いや、ここにそう書いてありましたから」ってよその雑誌出してくるんですよ。メディアの人間がメディアを信用してどうするんだよって(笑)。循環参照なんですよ。そのうちにどんどん濃度が高まって、ごく一部での現象にすぎないことが、あたかも日本全体のことであるように思い込んでしまう。

鷲田 ウィトゲンシュタイン【※16】が言ってた、新聞記事の正しさを確かめるために別の新聞を読むという話やね。

平松 結局、言いだしっぺは自分やったというのに気がつくまでに時間がかかる、と。

内田 そうなんです。前にフェミニズムに関する取材で新聞記者が来たことがあって、「フェミニズムはもう終わったわけですけども…」と切り出したんです。「え? いや、終わってないと思うけど」って言うと、「いや、だってウチダ先生ご自身が『フェミニズムは終わった』と書いてますよ」って(笑)。だから、それは、俺が主観的願望として「終わったらいいな」と書いたんであって(笑)。客観的現実としてはフェミニズムは厳然として残っていたわけですよ。その時

【※16】ウィトゲンシュタイン 1889~1951。オーストリア出身の哲学者。主著に『論理哲学論考』『哲学探究』など。その思想は論理実証主義や言語分析の哲学に影響を与えた。

に気がついたのは、ああ、そうなんだ。メディア上で断言すると、こういうふうに既成事実化しちゃうんだ、って。だから、その新聞のインタビューは「フェミニズムは終わった」というところから話が始まるの（笑）。

平松 メディアは固定観念を自ら作り上げてしまって、それを安心の土塁にしてるんですよ。私がMBS（毎日放送）にいた時に、海部総理の外遊に同行記者団として行ったことがありましてね。関西のメディアから1人だけ。アメリカ、カナダ、メキシコを回る初めての首脳外交で、8日間の日程で12回リポートを入れるんです。それで初日に自分が聞いたことをリポートしたら、それが翌日に日本の新聞記事になって送られてくるんですけど、読んでみたら自分が聞いたことと全然違うんですよ。こっちは外務省のブリーフィングやレクを一生懸命聞いて、それをしゃべるんですけど、新聞には違うことが書いてある。うちのデスクに、なんでこんなことになってるのかと聞いたら、それは新聞社のデスクが書いてるんやと。日米関係はかくあるべし、という新聞社のデスクの固定観念に基づいて先に原稿を書いとると。同行記者からの報告で使うのは、海部がこう言ったというカギカッコの中だけやと。これはカルチャーショックでしたね。放送と比べてはるかに長い歴史を持つ新聞が、そんなふうに作られてると知った時には、やっぱりショックでした。

　で、今は市長になって、取材される側の「権力」になったわけですけど、市政記者クラブの記者たちが僕に何を言わせたいか分かるんですよ。でも僕は、彼らが思うようなことは言わへんよ、と。自分の言ったことと違うふうに載ったら抗議もしますし。そうするとね、記者は言うんです。「市長、私のもとの原稿はああは書いていません。デスクと整理部が、見出しになるおいしい所を取り出して、市長が一番言いたいやろうという部分は削られたんです」って、お決まりのように。民間放送が陥ってしまったポピュリズムに、今の新聞も追随しかかっている。自分たちの考える「こうあるべきだ」とか「こういう記事を書きたい」という思いが強すぎて、先走ってしまうんですね。僕には19年近く、MBSでニュースをやらせてもらった経験があって、それは自分が事実を見る時の自信になってるんですよ。でもそれは、人に押し付けるという性質のものじゃない。人の話をちゃんと聞くという部分も大事にしています。人の話を聞いて自分が変われるんだ、これがコミュニケーションの豊かさなんだ、というのを僕は信じていますから。

先生が教えるのは「言葉」じゃない

平松 コミュニケーションによって人が変わるというのは、僕自身が小学校の先生から受けた影響でもあるんです。赤面恐怖症に近い状態で、人前でよう話をせんかった人間が、その先生の一言によって、アナウンサーになり、ニュースキャスターになり、大阪市の市長にまでなってしまった。人生の最初の背中を押してくれたのが、その先生です。でも、後で聞いたら、その先生には僕の背中を押したという意識はないんです。覚えていない。それでも、はっきりと影響を受け、人生が変わった人間がここにいる。だから、教職ってどんだけすごい仕事かって、先生たちに分かっていただきたいですよね。大阪市教委の教員だけで平成22年で1万6487人いるんですけど、ほんまにこの人ら、ちゃんと分かってるやろか、と。せめて、校長、教頭、学年主任ぐらいには分かっておいてほしいと思いますね。子供たちに何を与えることができるのか、与える楽しみを分かってよ、とね。それは教師が自分を映せ、というのではなく、「自分で伸びろ」ということやと思うんです。

僕の先生はまさか、僕がアナウンサーになるとも、市長になるとも思ってないわけで、知らず知らずにそういう可能性をどっかに植え付けてくれた。それが月下美人みたいに、何年かに一回花が咲いて…というような周期にうまいこと当たったんやろな、と思ってます。だからね、特に初等教育というのは、点数とか受験とかばっかりじゃなく、どっかで手の温もりとか匠の世界を教え、受け継いでいってほしいな、と。これからの日本社会を考えるとね。

釈　うちは子供が3人いるんですけど、真ん中の息子がね、全然勉強ができなかったんですよ。近所の公立小学校に行ってたんですけど、小学校2年生になっても、たまに平仮名を鏡文字で書いたりする。左利きだからだそうなんですけど。で、その小学校に1人、ものすごいユニークな理科の先生がおったんです。ヤマゴキブリという野生のゴキブリを繁殖させたりね、僕なんか父兄懇談会の時にオオクワガタの話を2時間レクチャーされましたよ、その先生に(笑)。池田市に東山町という所があって、そこはオオクワガタの最西端の産地の一つで、もうマニア垂涎の的らしいんですけどね。そこで獲ったオオクワガタを繁殖させて、小学校の夏祭りで売ったりするもんですから、エラい大騒ぎになったりして（笑）。まあ、とにかく変わった先生なんです。女の子でも、ゴキブリとかネズミを絶対に触らせるんですよ。もちろん、はじめは無理です。でも、その先生に1年間教えてもうたら、最後にはみんな触れるようになるというね。あんまり変わり者なんで、うちの息子はものすごい面白がって、勉強は苦手やのに、学校は楽しくてしゃあないんですよ。ほんま助かりましたね。僕、何回もその先生にお礼言いましたもん。「先生のおかげで、あんなに勉強できひんやつが、学校面白い言うんです。ほんまにありがとうございます」って（笑）。

鷲田　さっき平松さんがおっしゃってたけれど、生徒が覚えてることを先生は覚えてないっていう話は、本質的なことやと思う。何を教えたかが問題ではなくって、たたずまいを教えた、スタイルを伝えたってことなんですよね。それでいいと思うんですよ。

僕の場合でいえば、高校時代の数学の先生に強烈な教えを受けた。どこにもスキのない先生で、授業もとにかく厳しく、人格も高潔。宿題をしていかないので僕はしょっちゅう黒板の前に立たされていたんです。授業では冗談一つ言わない先生で、「同じ目の高さで」なんて言葉が流行っていた時代だから、この人は先生方からも煙たがられていた。で、ある日の放課後のことなんです。いつもと違う横手の門のほうから下校しようとして、校庭の隅にぽつんと一台、どこにでもありそうなクルマがあった。何気なく中をのぞくと、後部座席に数学の原書とともに、一冊のお経があったんです。あのがちがちの合理主義者がなんでお経を、と不思議に思い、別の古典の先生に訊いてみると、「数カ月前に息子さんを亡くされてねえ、おまえら知らなかったの」という返事。ほんとうにびっくりしました。一度も休講はなかったし、授業でもそんなそぶり一つ見せなかった。職業的な役割に自分を限定していた人の、その限定の仕方に打たれ、クルマに向かって最敬礼をしたいくらいの気分でした。「大人」とは、「職業人」とはこういうものかと、心に深く刻みつけられました。間に長々と話を挟み、すんません。

内田 「教育力」なんて、教育行政の人たちは言うけれども、さっきのゴキブリの先生なんて、どっちかって言うと、教育力的基準からはかなり逸脱しているわけだよね。

釈 見るからに分かりますよ、社会適応できへんなって（笑）。

内田 社会適応できない先生を見るってのは、子供にとっては救いなんだよね。

秀才で、無駄なくスマートに社会適応した大人を見るよりも、いろいろと問題を抱えた人が、それでもだましだまし社会に適応している工夫を見る方が子供にとってだって、学ぶところは多いもの。

鷲田 僕が昔、私立大学で教えた学生で、すごくいい例があるんです。そいつは、なんで哲学なんかやってんのか分からんような、ぼーっとしたやつで、人はええんやけど、答案とか書かせてもほんとにあかんのですよ。ところが、それが小学校の教師になったら、ある意味、最高の教師やったんです。たとえば、理科の授業でアサガオなんかを育てるでしょ。そのクラスの子供たちは夏休みも毎日、アサガオの水やりや世話をしに学校に来たっていうんですよ。なぜかって言うと、そいつは「俺がやっとく」と言うんやけど、「あの先生に任せといたらあかん。絶対忘れよるわ」って（笑）。子供たちがみんなで相談して、曜日ごとに当番決めて、結局夏休み中ずっと誰かが来て世話したんやって。

「何を教えたかが問題ではなく、ただずまいやスタイルを伝えたということでいいと思う」（鷲田）

「よく分かんない先生」が本当は理想的だ

内田　今日ここへ来る前に、ちょっと友人の画家の個展に立ち寄ったんですけど、会場にどっかで見たことあるなって女の子がいて、「先生、覚えてます？」って声かけられたんですよ。「ハヤセさん？」って言ったら、「近い！　ハヤノです」って（笑）。7年ぐらい前の卒業生だったんですけど、「2文字合ってた。覚えててくれた」って喜んでました。「この先生、絶対覚えてないだろうな」っていう前提が、彼女の中にはあるんですね（笑）。他の卒業生でも、みんなまず名乗りますもん。「誰々です。先生覚えてないでしょうけど」って（笑）。いや、別に彼女たちも怒ってるわけじゃ全然ないんですよ。名前を覚えてるかどうかなんて、本当はどうでもいいんですよね。学生の名前を覚えてもいない教師ってのは、そういう人だっていう形で、その中で関係が構築されていくわけで。

鷲田　まさにそう。何を教えたかじゃないんですよ。
内田　顔は覚えてますけどね。顔って忘れませんよね。
鷲田　声も忘れへんよね、意外とね。20年ぶりぐらいに電話がかかって来ても分かるもん。声って歳取らへんのですよね。ただ、その学生に何話したかまでは覚えてないけどね（笑）。
内田　すごく決定的なことを言われて、人生変わったという生徒がいたとして、「先生、あの時は…」なんて言われても、こっちは「え、そうだっけ…」という（笑）。
平松　僕の場合もまさにそうやったんですけど、逆に言うと、その先生が覚えてなかったことで、「あ、この先生、えこひいきでもなんでもなかったんや」と受け止めました。その先生の教育姿勢、あるいは人間学みたいなものを感じたんですよね。「この子はこういう方向性持ってんねんから、ちょっとだけ言うたったら、あとは自分で勝手にしよるで」みたいな感じで、たぶん接してくれたんやなと。
内田　先生というのはね、本当に無意識に、ほとんどオートマティックに答えたみたいなところに、正味の人間性が出るわけで。それに人が影響を受けるっていうのは、改まって「おまえな…」と個人的に語りかけるよりも、何げなく口から出た言葉の方が重いからだと僕は思うんですよ。

鷲田 あと、隙ね。隙があること。隙のない先生はたまらんもんね。内田先生は、武道家として抵抗あるかもしれんけど（笑）。

内田 いや、僕は隙だらけですよ（笑）。先生という存在にはいろんな意味があって、教育するというのもあるけれど、乗り越える対象でもあるわけじゃないですか。だから、ある程度乗り越えやすいハードルとして自分を提示していくというのも大事な仕事だと思うんですよ。乗り越えやすいようにはしごを架けといてあげる、という。

鷲田 乗り越えやすく見えて、乗り越えたと思ったけど、しばらくしたら、実はまだ乗り越えてなかった…と気付かせるテクニックとかね（笑）。

内田 そうそう、そこはいろいろ仕掛けがあるんですけども。ただね、なんでこんなことを教えてくれたのかよく分からない先生であるほど、生徒は、自分と先生の関係に、ある種の宿命を感じるんです。どんな子供でもそう。だって、誰でもすらすら分かるような合理的な話とか、誰が聴いても有用な情報って、特別に「自分宛てのメッセージだ」って思わないでしょう。わけの分からないことだと、「これ、ふつうのやつには意味分かんないよな…」ということになるので、「もしかすると、自分宛ての暗号なのかな」と思い始める。「これはきっと深い意味があるに違いない」と受け取ったら、それが結果的には教育的に機能するんですよ。だからね、「よく分かんない先生」っていうのが一番いいの。やる方も楽ちんだし。

釈　受け手側のセンスという問題もありますよね。前に内田先生と(落語の)「**蒟蒻問答**《こんにゃくもんどう》」【※17】の話をしたんですけど、「蒟蒻問答で一番得したのは誰だ」っていうテーマで。結局、蒟蒻屋の仕草を勘違いして学んだ修行僧が一番得だった。それに近いですよね。要は、ガラクタでもいかに楽しめるか、そこから何かを抽出できるかっていうこと。それまでいい体験をしてきた人は、ガラクタを見たって楽しめるっていうようなところがありますよね。

平松　僕は内田先生を見てて、ここまで徹底的に開き直ってる人も少ないと思うんですよね（笑）。それも毅然と開き直ってらっしゃる。自分が言うてることを何べん言うてもええねん、ほんで、それを何冊の本にしてもええねん、と(笑)。もちろん味付けは変える。今日はペッパー味やけど、次はミントかもしれませんよみたいなのはありますけど。その辺が「乞うご期待」「to be

【※17】「蒟蒻問答」
古典落語の演目。住職になりすました蒟蒻屋の主人と旅の修行僧が、無言の仕草のみで禅問答を繰り広げる。互いに相手の仕草の意味を誤解しており、胸中は食い違っているのに、妙に符合した滑稽なやり取りを交わすという噺。

continued」っていう感じに、続けて読んでるとなってくるんですけれども。

釈　そのイメージの源は落語にあると内田先生はご自身で言うてはりましたよね。「あの人のあのネタが聞きたい」っていうのと同じ。**（桂）三木助の「芝浜」**【※18】が聞きたい、**（古今亭）志ん生の「火焔太鼓」**【※19】が聞きたい、みたいなね。だから、お望み通りのネタをやりますよ、その代わり、書いた内容を誰が使ってもいいですよ、と。内田先生は、コピーライツなんか全然主張されませんしね。

3世代に渡る生活習慣の破壊がもたらしたもの

釈　でも先ほどの平松市長の話で面白かったのが、先生が全然覚えてなかった、というところです。そのことを、「え、覚えてへんかったんや…」と残念がるんじゃなしに、非常にフェアな先生やな、自分だけを特別視したわけやないんや、と受け止めたという。つまり、その先生はたぶんすべての生徒に毎年

【※18】**三木助の「芝浜」**　三代目桂三木助の十八番として知られた古典落語の演目。酒に溺れた魚屋と、それを立ち直らせようとする女房の夫婦愛を描いた人情噺。三木助の存命中は他の噺家は演じるのを遠慮したほどだったという。

【※19】**志ん生の「火焔太鼓」**　江戸時代から語り継がれていた小噺を、昭和初期に五代目古今亭志ん生が仕立て直し、十八番とした古典落語の演目。商売っ気がなく損ばかりしている古道具屋の主人としっかり者のおかみさんが繰り広げる滑稽噺。

同じように接していているわけで、その中で市長だけがそれを拾い上げた。どこかでビシッと歯車が合ったわけですよね。それって教師としては最高の喜び、それこそ教師冥利に尽きる話ですよね。

内田　教師というのはすごい打率が低いわけで。1割もいかない、8分5厘とか、それぐらいの打率なんですよ。でもね、それでいいと思うんです。「教育力」があれば打率8割とか9割になって、教えた生徒がみんな賢くなるなんて、そんなことあるはずがないんです。おおかたハズレなんです。「教育力」というのが実体としてあって、生徒の方は真っ白の **「タブラ・ラサ」**【※20】で、教育力のある教師が教えればどんな子供も必ず能力が伸びるなんてことはあるはずがない。出会いというのは偶然的なものなんです。だから、出会いの確率を増やすためには、訳の分からない先生たちがずらっと並んでる方がいいんです。子供の訳の分からなさと同じぐらい訳の分からなさの多様性が必要なんです。子供の個性と同じだけの数の個性の教師が並んでいることが理想的な教育環境なんですよ。それを、教師のあるべき条件を限定して——6年間大学へ行って、修士号を持ってて、とかいって——「教える人間にはこういう要件が必要である」と条件をどんどん狭めてゆくというのは、完全に方向が逆なんです。そん

【※20】タブラ・ラサ
生まれたばかりの人間の心は白紙のようであり、生得観念はないという経験主義の喩え。原義はラテン語で「何も書かれていない書板」の意味。

なことしたら、教育は崩壊しちゃいますよ。

鷲田 僕はもう、「教育」という言葉自体が昔から嫌いでね。「教える」も「育てる」も他動詞でしょ。僕は、教育者がするのは教えることやなくて、子供がここにいたら勝手に育つという場をどれだけ用意できるか、それだけやと思うんですよ。誰が何を教えるとかじゃなくてね。昔は街にもそういう機能があったから、教育者って意外と気楽やったんですよ。子供がちょっとぐらい変なことしたって、「また街のおっちゃん、おばちゃんが鍛えてくれるやろ」と任せられる部分があって、先生に全部来なかった。でも今は、地域にそういう力がない。「この街に生まれたら勝手に育つ」いうのがないから、全部学校の方に責任が行ってしまって…。

釈 最近の小学校の先生はほんと大変ですよ。しつけから何から何まで、全部先生の責任みたいに言われて。

内田 家庭で行うべき生活習慣の習得を学校に要求するのって、無理ですよ。

釈 現実に、夜になったら生徒の家に電話して、「そろそろ寝たらどうですか」と言ったり、朝に家まで迎えに行ったりしてる先生だっていますよ。早く起きるよう親にいくら言うても、親自身が朝起きられないんですから。自分たちが夜中の2時3時まで起きてるでしょ、テレビやビデオ見たりして。だから毎朝、先生が親と子供を一緒に起こしに行ったりするんですよ。「起きましょう」「朝ごはん食べましょう」って。で、懇談会とか懇親会とか、話し合いをする場や学びの機会を持ったとしても、来てほしい人は来えへんわけですよ。保護者会にも来ないし、子育てサロンとかにも来ない。来るのは、来んでもええぐらい一生懸命子育てしてる人ばっかりだったりして（笑）。まあそれにしても、ほんとに公立小学校の先生は大変ですよ。

最初の方で志水先生と一緒に公立小学校の委員をしていると言いましたが、この小学校で取り組んでいるのは、安心して暮らせる家庭づくりです。先ほどの話のように、早寝早起きや食事や生活習慣に高い意識を持ってもらうようにしている。この取り組みによって、学級崩壊を起こしていたのが、ものすごく良くなってきてるんです。それが全部の要因かどうかは分かりませんが、少なくとも学校は荒れなくなりましたし、入学式・卒業式でもずっと座ってます（笑）。

内田　だから、本当は学校の問題じゃないんですよ。たまたま学校で学級崩壊とか学力低下だとかって現象が出てるけれども、その前に家庭崩壊が起きてるんですよ。家庭がきちんと機能していれば学校教育に問題が出るはずがない。でも、家庭の崩壊は数値化できないけど、教育崩壊は「授業を聞かない」とか「テストの点数が低下した」とか外形的に現れるし、数値でも測れるから、「学校が悪い」っていうことになる。僕は現場で教えてて、いろんな学生を見てるから分かるんですけど、失敗しているのは高等教育じゃなくて、中等教育なんですよ。たとえば、英語が全然できない。中学校で習っているはずの文法が分かってない。おい、いったい中学高校でどんな教育してんだよって、言いたくなる。

釈　中学校は小学校が悪いって言いますしね。

内田　そうなの、さかのぼるときりがないんですよ。中等教育の人は初等教育で身につけるべき学習習慣が身についていないからもう手遅れなんだと言う。初等教育の人は家庭教育ができてないからだと言う。でも、さかのぼればそこまでゆくしかないと思う。ベースにあるのは、基本的な生活習慣の崩壊なんです。子供たちに基本的な生活習慣を身につけさせるだけで、子供たちの学力は跳ね上がると思う。生活習慣ができていない子供の成績だけを上げるなんて不可能なんですよ、絶対。でも生活習慣というのは、子供の頃から生活の現場で刷り込まれる身体知で、身につけるのにそれなりに時間がかかるんです。**岩村暢子さん**【※21】の本によると、生活習慣の崩壊の責任者は親の世代じゃなくて、その一つ前の世代だそうです。今の若い親たちが生活習慣の崩壊の責任者じゃなくて、彼らはすでにしてその犠牲者なんだ、と。

さっきまで**橋本治さん**【※22】の『橋』という小説の書評を書くのでゲラを読んでたんですけど、これがまさに3世代にわたる話なんです。じいさん・ばあさん、親とじわじわと生活習慣が解体して、3代目で子供が人殺しになるっていう「因縁話」なんですが、橋本さんの作家的直観はさすがです。みんなが言うのは過去10年や20年の制度的な失敗がいま出ているっていう話でしょ。でも、たぶんそうじゃないんです。ここまで来るのに百年ぐらいかかってるんです。百年はオーバーとしても、60~70年はかかっている。戦後は全部かぶっている。だから、これを直そうと思ったら、時間かかるに決まってるんです。60年かかって壊した社会システムなんだから、直すのに60年はかかる。それくらいの覚悟が要りますよ。それを1年やそこらでどうにかしようと考えるから間違えるんですよ。3代前からの因縁なんだから、1代や2代じゃ終わるわけない。今から3代先の日本人をなんとかまともにしようというくらい腰を据えないと無

【※21】**岩村暢子**
1953~。広告会社アサツー・ディ・ケイの200X ファミリーデザイン室室長。マーケティング調査の中で、1960年以降に生まれた世代の志向がそれ以前と大きく異なることを発見。食卓から現代の家族像を探る調査「食DRIVE」を行い、戦後の生活や価値観の変遷、その背景を明らかにした。著書に『普通の家族がいちばん怖い』(2007)、『家族の勝手でしょ!写真274枚で見る食卓の喜劇』(2010)など。

【※22】**橋本治**
1948~。小説家、評論家。東京大学在学中に書いた駒場祭のポスターで一躍世間に知られ、イラストレーターを経て、『桃尻娘』(1977)で作家デビュー。小説、時評、エッセイ、

理だよ、ということを橋本治さんは言おうとしてるんじゃないかな。

釈　「3代かかって悪くなったものは3代かけて直す」という考え方は、教育だけやなく、いろんな分野で必要な姿勢ですね。

鷲田　**柳田國男の『明治大正史　世相篇』**【※23】など、われわれからすれば3代前の人たちが抱えていた課題について書いているけど、コミュニティや家族の崩壊として現象しているものが時代の課題の根本にあるという感想は、そのまま今のわれわれの課題に通じています。貧困についていえば、かつての社会には「共同防貧」のしくみがあったけれど、いまは貧困が「孤立貧」というかたちを取るしかないという指摘は、そのまま現代の社会についても言える。柳田のいう「子供の自治」の消失というのも、だんだん徹底してきているしね。

平松　たまたま先日、**半藤一利さん**【※24】の『昭和史』の戦後編を読んだんですよ、戦前編は前に読んでいて。そしたらね、ものすごく読みやすいんです。戦前編は読みにくいなと思いながら読んでたんですけどね、ところが、内田先生の『日本辺境論』とかね、いろいろな知識や価値観を持って半藤先生の本を読むと、ものすごい分かりやすく入ってくるんですよ。ああ、この時代の人はこんなこと考えてたんやな、と。吉田茂はこんなふうに考えていて、その時、カ

戯曲など、幅広い分野で膨大なテキストを書き続けている。『桃尻語訳枕草子』（1987）など、独自のスタイルによる古典の現代語訳も手掛ける。『橋本治と内田樹』（2008）という対談集も。

【※23】柳田國男の『明治大正史　世相篇』
民俗学者、柳田國男（1875〜1962）の出発点をなす代表作のひとつ。明治・大正の60年間に発行された新聞などの資料をもとに、近代日本人の暮らしや生き方を民俗学的方法によって描き出した世相史。

【※24】半藤一利
1930〜。作家、随筆家。「週刊文春」「文藝春秋」編集長を経て、執筆活動に専念。編集者時代に大宅壮一名義で発表された『日本の

ウンターにいた鳩山一郎はこうやったんやって。あの本は面白いですよ。

内田　半藤さんというのはフェアな人ですよね。イデオロギー性のない。

平松　昭和史を非常に丁寧に整理していただいた感じの本で。僕らが子供の頃の日本史とか世界史の授業って、現代に至る前に終わりだったじゃないですか。現代を教えなかった。なんでやろって思ってたんですけど、あれは今にして思えば、よう教えんかったんやなって。

内田　分かんないんですよ。現代ってなんなのかって。

平松　正体がつかめてない。自分たちでも総括できてないんですね。

内田　僕らが子供の頃の先生たちって、みんな戦中派の人たちだから、子供の頃は軍国少年で、その後実際に戦争に行って、何人かは人を殺して帰ってきた人たちだったわけですよね。それが、改めて自分たちが何をしたのかっていうことを考えるんですけど、30歳やそこらで、自分たちの育てられてきた教育環境や社会的なイデオロギーとかを総体的につかめるはずがないわけです。「とにかくいけないことだ」と言うか、「あれはあれでよかったんだ」と言うか、非常に単純な二元論しかなかった。本当は何だったんだろうと深く突き詰めるような知的営為は、もう少し時間をかけないと無理なんですよ。

いちばん長い日―運命の八月十五日』(1965)をはじめ、近現代史、とりわけ昭和史をテーマにした著作が多い。授業形式のわかりやすい通史として語り下ろした『昭和史』シリーズはベストセラーに。

「60年かかって壊した社会システムなんだから、直すのに60年はかかりますよ」（内田）

「時間の肌感覚」がどんどん短くなっていく

釈　僕ね、現代人の「時間の肌感覚」みたいなもんが、どんどん短くなってると思うんですよ。さっき鷲田先生が「教育は場作りや」とおっしゃいましたけど、僕もまさにそう思うんです。それも「時間の肌感覚」を長くするような、そのための装置みたいな場。僕はお寺をそんなイメージの場にしたいと思ってるんです。なんでそんなこと考えついたかっていうと、一つは秋葉原の、あの**加藤智大の事件【※25】**なんです。秋葉原の事件は、うちの近所の附属小学校で**宅間守【※26】**が事件を起こしたのと同じ日付だったもんやから、よく二つの事件が並べて語られたんですけども、実はあの2人って全然タイプがちゃうんですよ。宅間は、僕の家の近所に住んでたから評判をよく知ってるんです。うちの檀家さんの建築会社でトラックの運転手してたこともあってね、とにかく常にトラブルを起こしてて、「今に大きいことするんちゃうか」と周囲から言われてた。

【※25】加藤智大の事件
2008年6月8日、東京・秋葉原で発生した通り魔（無差別殺傷）事件。加藤被告は、トラックで歩行者をはねた後、通行人らをナイフで次々と刺し、7人が死亡、10人が重軽傷を負った。被告は各地を転々としていた派遣社員であったこと、ネット掲示板への膨大な書き込みから孤立した生活環境が浮かび上がったことから、「格差社会が生んだ犯罪」と言われた。

【※26】宅間守
2001年6月8日、大阪府池田市の大阪教育大学附属池田小学校に刃物を持って侵入、児童8人を殺害、教諭を含む15人に重軽傷を負わせた。それまでに逮捕歴が何度もあり、「何もかも嫌になった。大量殺人を犯して死刑になりたかっうちの父親が保護司をしてたんで、僕は子供の頃からずっと犯罪を犯した人を見てたんですけどね、白から黒に突然変わる人間って普通いないんですよ。必ずグレーゾーンがあって、グラデーションがあって、ある時に一線を踏み越えてしまう、あるいは引き返す。宅間にはそれがあった。ところが加藤はね、異様にグラデーションがない。白から黒に突如変わるんです。僕、あの時にショックというか、新しい犯罪が始まったと感じたんですよね。

それともう一つは、うちの**お寺の裏で認知症の人が共同生活**【※27】してるじゃないですか。そこでは、手伝いたいという人はできるだけ雇用するようにしてるので、他では働きにくい人、たとえば統合失調症とか鬱病のスタッフの人もいてたりします。鬱の人は、鬱状態になったら、出勤して来てもジーッと座ってるだけで、認知症のおばあちゃんに「あんた大丈夫か？　元気出しや」とか心配されたりしてね（笑）。でもね、パートさんであれば、時給が変わったりすることもない。そんなシステムで運営して、もう8年以上になりますけど、この件でクレームが来たことは一度もないんです。なんでかなと思いますよね。普通やったら文句の一つも出そうじゃないですか。でも、観察していて分かったのは、ここに来てるのはうちの檀家さんばっかりやから、この鬱の人の両親

た」と犯行動機を述べたとされる。一審の死刑判決後に弁護団が控訴したが、本人が取り下げ、刑が確定。２００４年９月に執行された。

【※27】お寺の裏で認知症の人が共同生活
釈徹宗氏が代表を務めるＮＰＯ法人が運営する、認知症の高齢者を集めたグループホーム「むつみ庵」のこと。お寺の裏にある古民家を改造し、近所の人たちも運営に参加。「地域で支えられる里家」をテーマにしている。

とかおじいさん・おばあさんのこともみんな知ってたりして、子供が同級生やとか、この人がどんだけ苦労してきたかとか、周りのみんながよく分かってるわけですよ。スタッフの多くは田舎の人ですから言葉も乱暴ですし、認知症の人相手につかみ合いのケンカをするような恐ろしいこともあるんですけども（笑）、理屈抜きに長いんですよ、「時間の肌感覚」というものが。で、それが長いとね、ちょっとしたデコボコはどうも気にならないみたいなんです。ところが、会社だけの人間関係とか、加藤智大みたいな人間関係だと、ほんのニキビのようなものがね、イライラして許せないってことになるんじゃないかな、と思うんですよ。

もう一つ、「時間の肌感覚」が短くなってる例を挙げれば、今、大阪市内はだいたいみんなそうなんですけど、親が亡くなっても法事は三回忌ぐらいで終わりなんです。昔みたいに十七回忌とか三十三回忌とかないんですよね。

鷲田　今は初七日と百箇日と全部一緒にやってしまいますね。お骨上げの時に初七日で。

釈　そうなんです。大阪とか都市部はほぼそうなってるんです。せいぜい顔を知ってるおじいさん・おばあさんの法事をお勤めしたら、ようやってはる方なんですよ。でも昔はね、過去帳とか位牌見て、「この人誰か知らんけど、今年三十三回忌当たってるやん」とか言うて、見ず知らずの人の法事を勤めるために親戚が集まって。親戚が集まると、子供らはうれしいじゃないですか、最初のうちは。「おっちゃんのこと覚えてるか」「小遣いやろか」とか言われて。でもそのうち、おっちゃんたちがだんだん酔っ払ってくると鬱陶しくなってきて、「はよ帰らへんかな」となってくる（笑）。訳の分からんお経聞かされて、ジッと座ってなあかんしね。でも、あれって今考えると、「時間の肌感覚」を長くするための文化装置やったような気がするんですよね。顔も見たことない人のために辛抱して、訳の分からんお経聞いて、親戚付き合いして…。人間って、そうやってずーっとつながってるんやっていう感覚。それを通じて、理屈やなしに時間の肌感覚が長くなっていくということが、かつてはあったんやないかと。だから僕は、生きてる人間の寿命が長くなるにつれて死者の寿命が短くなってる、と言うてるんですけどね。

内田先生もよく言うじゃないですか。今は、かけたコストをどれだけ短期で回収するか、それをひたすら追求することが良いビジネスモデルになってるって。コンビニなんかでもね、もう全然みんな待てないじゃないですか。社会全体がどんどん待てなくなってる。

内田 この間、コンビニでレジに行こうとしたら、言われましたよ。「俺が先だっ」って。待ち時間なんて5秒ぐらいなのにさ、その5秒が耐えられないのかって。

平松 実はついこの間、母親を亡くしましてね。友達のお寺さんに来てもうて声明上げてもらったんですけど、聞いてるうちに不思議と、昔のこととか母親の人生が思い浮かぶんですよね。「ナマンダ、ナマンダ…」しか言うてはれへんねんけど、そういう声の中でフラッシュバックしてくる。ああ、うちの母親というのは大正12年、関東大震災の年に佐賀県で生まれて、虹の松原というきれいな所で育ったのに親が酒食らいよったために身上潰して叔父に預けられて、その叔父が満州鉄道で働いてたもんやからハルビン高等女学校を出て、帰って来て結婚して、うちの親父も23年前に死んでもうて…みたいなことがね、次々と浮かんでくる。「南無阿弥陀仏」の6文字の世界の深さというのを感じさせてもらいました。

それと、母親がもうあかんやろという時になって、僕は何をしたかというと、母の戸籍をさかのぼってみたんですよ。今の戸籍は80年しかさかのぼれないんです。そこから前の分は保存しなくてもいいという法律になってるから。でも今のうちに、自分のルーツを80年だけでもさかのぼっておこうと。別に自分が何者やとか家系を知りたいと思ったわけやなくて、自分の父親や母親、祖父母が、どういう所でどんなふうに暮らしてたのかというのをちゃんと知っておきたいと思ったんです。そりゃ子供の頃に父母の田舎に行ってはいるんですけど、はっきり覚えてないじゃないですか。

で、その母親のお通夜・お葬式の時に面白かったのがね、うちの父親の弟がまだ健在なので、いろいろ昔話を聞いてたら、父親の父親、つまり僕のおじいちゃんが昔は漫才師やったっていうんですよ。**砂川捨丸**《すながわすてまる》【※28】さんっていいましたやん。

釈　(節を付けて)「漫才界の骨董品~」という。

平松　そうそう。その砂川捨丸さんと友達やったたって。それだけで漫才師やったいう話になってしまうんですけど(笑)。でも、三味線は弾いてたって。

釈　なるほど、三味線ですか。そうすると、けっこう新しいタイプですね。昔の「萬歳」だと鼓ですから。才蔵が鼓で、太夫が語る。三味線を使うっていうのは、モダンな感性ですね。

【※28】砂川捨丸
1890~1971。明治から昭和にかけて上方で活躍した漫才師。「萬歳」の伝統や型を活かしながらも、大正時代以降は中村春代とのコンビで近代漫才への道筋を付けた。上方演芸資料館第1回殿堂入り。

平松　そんな話、はじめて聞いたんですよ。自分のルーツに芸事の血が入ってるなんて思いもしませんでしたし、父親はむちゃくちゃ堅物でしたしね。「お前のルーツはこんなんやねんで」と母親が教えてくれたんかな、と。あれだけの人間が集まる機会って、今はもうなくなりましたから。そういう意味でも葬儀とか法要ってちゃんとやっとかなあかんな、と。

内田　自分の血族にどんな人がいるのかって、自分を知る上ではけっこう重要な情報ですよね。内田家には、幕末に**千葉周作の玄武館**《げんぶかん》【※29】で北辰一刀流《ほくしんいっとうりゅう》を学んで、浪士隊に応募して清河八郎や山岡鐵舟《やまおかてっしゅう》や近藤勇といっしょに京都にのぼって、そのあと**新徴組**《しんちょうぐみ》【※30】に参加して、最後は庄内で**戊辰戦争**【※31】を戦った剣客が4代前にいるんです。その人が会津藩の白虎隊の生き残りを養子に迎えていて、その人が僕の曾祖父。庄内、会津の血筋だから、近代日本では徹底的に冷や飯食いなんです。だから、内田家って、もう濃厚に反権力的エートスがたちこめているんですよ。それを70歳になる従兄からこのあいだいろいろ教えてもらったんですけれど、血族の歴史を知ると、自分が「こういう人間」である必然性って、よくわかりますよね。

鷲田　うーん。その話、ちょっと留保。だって、女のひとが出てこないもの。

【※29】千葉周作の玄武館
千葉周作（1793〜1856）は江戸時代の剣術の流派「北辰一刀流」の創始者。その道場であった玄武館は「幕末三大道場」と呼ばれ、多くの門下生を輩出した。

【※30】新徴組
江戸時代後期に結成された幕府による警備組織。将軍警護の名目で江戸から京都へ赴いた浪士組のうち、清河八郎に率いられて江戸に戻った者たちが、清河の暗殺後に再編され、主に江戸市中の警戒や海防警備に当たった。一方、京都に残った芹沢鴨や近藤勇らが結成したのが新選組。

【※31】戊辰戦争
1868〜69年にかけて戦われた明治新政府と旧幕府側の内戦の総称。幕臣や会津・桑名の藩兵たちで構女はずっと「嫁はん」というかたちで、血族を切るというかたちで、つまり所属する共同体を替えるというかたちで生きることを強いられてきたわけでしょ。血族の中核には、自らのルーツを切るというかたちで血縁を作ってきた女性たちがいる。血族の根底には同一性の持続と同時に、切断という非同一性が同じ強度で刻まれている。僕はこれまで、自分のルーツを探るというより、自分の血族からどう切れるかということばかり考えて生きてきたから、だから冒頭で言ったのとはちょっと違う意味かもしれないけれど、「おばさん」的なところがあるのかな。

成する旧幕府軍が、薩長を中心とした新政府軍に敗れた鳥羽・伏見の戦いを皮切りに、甲州勝沼の戦い、江戸城無血開城、会津戦争などを経て、榎本武揚が抵抗した箱館戦争をもって終結した。これにより、明治新政府が日本を統治する政府として国際的にも認められた。

自己利益を追求しても、人は限界は超えられない

平松　もう一度、話を教育論に戻すとね、橋下知事の教育論とは僕は立場が違う、彼の主張ほど怖いものはないと思ってるんですよ。彼の姿勢は「こうあらねばならない」ですから。点数は高く取らねばならない。そのためには任天堂

DSを使わねばならない、と。今の子供たちはゲーム感覚でないとついて来ないっていうので、相手に合わせていってるんです。さらに、藤原（和博）先生の**夜スペ**【※32】やらなあかん、とか。「自分が思ったことしか正しいことはない」っていう姿勢を教育に持ち込まれると、「ちょっと待ってよ」となりますよね。

だから先ほど聞いててうれしかったのは、内田先生がおっしゃった「教育は打率1割もない」という話ね。1割もないけれども、それが将来どっかで大きい花を開いて、その何分何厘かのもとにいろんなものが結集してくるというような、そんな社会を目指さんとあかんわけでしょ。別に全員が全員、同じ能力になる必要はないわけですし。ところが、今の大阪府教委の方向性を見てると、ある程度までは全員が同じでなければならない、と。それは、橋下知事が批判している、かつてのゆとり教育も同じなんですよ。よーいどんでスタートしたら、同じように走って、同時にゴールしなければならない。みんながみんな同じ能力ではないのにね。

知事は国の**地域主権戦略会議**【※33】に入っておられて、その最初の会合で50ページくらいの資料をお配りになったんですが、その中に教育はこうあらねばならないという構想の部分があったんです。その図を見ると、首長がいて、その

【※32】夜スペ
東京都の杉並区立和田中学校で2008年から始まった有料補習授業。東京都で初の民間人校長として同校に就任した藤原和博氏が「できる子をもっと伸ばしたい」と発案。進学塾と連携し、現在も平日夜間および土曜日午前中に開かれている。藤原氏はその後、橋下知事の要請で大阪府教育委員会特別顧問を務めた（現在は退任）。塾と連携した補習授業は府内の一部市教委で独自に行われている。

【※33】地域主権戦略会議
地域主権（地方分権）を進める目的で2009年に設置された内閣府の機関。基礎自治体への権限移譲、ひも付き補助金の一括交付金化、国の出先機関の廃止・縮小などがテーマとなって

下の真ん中に教育委員会が置いてある。要するに、教育はあくまで首長がコントロールしますよ、と。現在の教育委員会というのは独立体であって、たとえば大阪市教育委員会に対しても、大阪市長である僕の権限は直接及ばないことになってるんです。その市教委にしたって、1人じゃなく複数で方針を決めるようになっているんですよ。

内田　教育はね、中枢的にコントロールしちゃいけないんですよ。中枢的にコントロールしようとすると、プログラムを標準化せざるを得ない。そして、教育プログラムというのは、多様であることによって機能するんだから、過度に標準化しちゃダメなんです。でも、競争させたり、格付けしようとしたら、それ以外の条件をすべて同じにしないといけない。でも、やると分かりますけれど、それだと、教育現場の「均質化」努力の方が先行しちゃうんです。そして、限られた教育資源の大半が「とりあえず、教育現場をぜんぶ似たようなものにする」という無意味な努力のために投じられてしまう。

鷲田　僕らが子供の頃はね、野球にしても相撲にしても憧れの存在っていっぱいいたじゃないですか。今は野球ならイチローか松井で、それ以外のアメリカで活躍する選手ってほとんど存在感ないですよね。相撲だったら白鵬とかね。

いる。橋下知事も議員の一人。

僕らの時って、相撲では千代の山とか朝潮とかもいたけども、若秩父とか大内山とかね、そういう力士のファンも結構いたじゃないですか。今はそういうのが全然いない。ゴルフなら石川遼ただ1人。注目される選手が他にいないでしょ。だから「多様性の時代」なんていうけど、大ウソやと思うんですよね。サッカーはあんまり知らないんですけど、同じようなことになってるんですかね。

内田　そういえば先日、朝日新聞のサッカー担当記者から取材を受けたんですよ。僕になんでサッカーの話なんか訊くのかなと思ってたら、「なんで最近の日本のサッカー選手の能力が落ちているのかが知りたい」って言うんですよね。若い選手がヨーロッパのチームに次々出て行くんだけども、たいして伸びないっていうんですよ。日本代表に入らないぐらいのレベルの選手が、自分で海外のクラブに売り込んで、ヨーロッパのチームに行くんだけど、力が伸びない。それはなぜでしょう、と。

僕はこういう話をしたんです。若い人たちが自分の能力を伸ばすためには、国際的な場に出ていってシビアな競争にさらされる方が、狭い日本でごちゃごちゃしているよりもいいんだと思われてるかもしれないけど、実は違うんじゃないですか、と。人間っていうのは自己利益を追求するだけじゃ限界を超えられないんですよ。「他人のため」という動機がないと技術的な限界は超えられない。「日の丸を背負う」とか「日本のサッカー文化を底上げする」とか、そういう共同体に対する幻想的な忠誠心がないと、自分自身の限界を超えるのはむずかしい。自己利益を優先すると、どれほど才能があっても、潜在能力はなかなか開花しないんです。爆発的にポテンシャルを発揮するには「世のため、ひとのため」という「大義名分」が要るんです。

鷲田　**オルテガ**【※34】というスペインの思想家が、エリートと大衆を区別するのもそれなんですよ。エリートっていうのは、自分が超えられない、自分を超えた存在があって、自分のすべきことはそれに奉仕することだと考える。逆に、自分を超えるものはないと思い込んでいるのが大衆なんだと。普通に言われるようなエリートと大衆の定義とは逆の主張をした。「専門性」という名のもとに自己の限られた領域内に閉じこもり、そこで慢心しているような人間がはびこっていると言うんです。そのような種族は、かつて「選ばれた人間」がおのれに課していた「自分を超え、自分に優った一つの規範に注目し、自らすすんでそれに奉仕する」という使命をもはや内に感じることはない。そのような凡俗な人が社会を牽引している。「もはや主役はいない。いるのは合唱隊《コーロ》のみだ」。

【※34】オルテガ
1883〜1955。スペインの哲学者。主著『大衆の反逆』（1929）で、大衆の起源と、大衆の行動によって決定される大衆社会について論じた。大衆人の野蛮性と原始性を批判したが、エリートと大衆の区別については階級や社会関係ではなく、内面的・精神的な態度に求めた。

そうオルテガは警告しました。

最近の大学生は、就職活動を前にして「自分がしたいことが分かりません」とよく言いますが、「自分がしたいこと」から考えはじめるところに、他人たちから自分が何をすべく待たれているかという視点は、きれいに欠落しています。「務め」という観点がない。職業のこと、とくに天職とか使命という意味合いでの職業を、英語で「コーリング」と言いますが、ここには、自分が何かをすべく誰かから呼びかけられているという感覚がこもっている。

「母港」がなければ、いい仕事はできない

内田 学問の世界もそうでね、僕のいたフランス文学がまさにそれだったんですよ。日本のフランス文学研究は80年代から一気にレベルダウンするんですけれど、どうしてそうなったかというと、経済的に豊かになって、仏文の学生・院生たちが次々とフランスに私費留学し始めたからなんです。昔は国費の給費

留学生ばかりですから、なんだかんだ言っても、「日本の政府がお金出すんだから、帰って来て日本のために働けよ」という縛りがあった。でも、みんな豊かになって、親の金で留学するようになっちゃった。フランスで博士号取って、フランス語で論文書いて…っていうふうに「世界の土俵」でふつうに勝負しはじめたの。でも、世界の土俵で勝負したはずのその諸君が全然ダメなわけです。それはね、申し訳ないけど、彼らが「自分のため」に研究しているからなんですよ。

昔の人たちは、とにかく一生懸命勉強するんだけども、その理由はヨーロッパで仕込んできた新知識を日本に持ち帰って、とにかくそれを紹介し、日本に扶植することだったわけですよ。彼らは啓蒙家というよりは、ほとんど「輸入業者」だったんです。でも、輸入業者だから、自己都合なんか言えない。文学者だって、歴史も扱うし、哲学も扱うし、詩や演劇も扱う。もう目につくめぼしい知的資源はどんどん日本に輸入してゆく。その過程で、輸入業者自身がそれなりの「めきき」になっていった。ひろびろとした知的射程をもつ学者に育っていった。漱石も鷗外も荷風も、みんなそうでしょう。

でも、ある時から、輸入業者が要らなくなった。個人が自分でフランスに直接行って、自分の欲しい物を自分の欲しいだけ手に入れればいい、ということになった。輸入業者を介さないで直接フランスの知的淵源に触れるんだから、国際共通性のある学者が輩出するはずだった。でも、そうならなかった。

僕は80年代に学会誌の編集委員をやってたのでよく覚えているんだけど、若い人の学会発表を聞いてると、ある時期からフランス語で発表する人が出てきたんです。日本の学会で、ですよ。オレはフランス語でしか発表しないし、論文もフランス語でしか書かない、と言い出すやつが出てきた。「自分はインターナショナルなレベルで競争しているから」って。国内市場なんか眼中にないよ、って。

これが不思議なもので、そういう「国際的な舞台を直接めざす」という学者の研究レベルって低いんです。それ、当然なんですよ。だって、彼らは自己利益のために勉強しているんだから。何も背負ってない。誰に対しても義務感がない。祖国のために刻苦勉励するとか、祖国の文化的な水準を高めるとかいう気負いがない。

鷲田　その（日本を背負ってる）人はずーっと日本人なんよね。普通の留学生はヨーロッパへ行くと日本人になるんですよね。日本のこと精一杯説明して。

で、帰国したらヨーロッパ人を気取るというのが多いんだけど。

内田 フランスで博士号取って、フランス語しゃべって、フランス語で論文書いて…という人たちは、「オレは日本なんかに義理はない」って思ってる。じゃあ、国際競争で勝ち残れるのかというと、それもむずかしい。だって、その場合はフランス語のネイティヴとポスト争いするわけですからね。フランス語圏の大学でネイティヴとのポスト争いに勝てる人間なんか、ほとんどいません。しかたないから、結局は彼らも日本に帰って来る。フランス語はよくできるけれど、日本語で論文は書かないし、日本のフランス文学の土壌を耕す気もないし、もちろん輸入業者になる気もない。そういう人のためのポストは日本の大学にはないですよ。だって、大学のフランス文学科の教員ポストというのは、「フランス文学が勉強したい」という若い日本人たちが一定数供給される限りにおいて必要なわけで、「フランス文学を勉強したい」という高校生がいなくなれば、必要なくなる。だから、現にもう日本の大学で仏文科を置いているところなんか、ほとんどありません。

「土壌を耕す」というのは実は日本の中学生や高校生相手に「フランス文学は面白いよ。ぜひ、おやりよ」ということを忍耐づよく知らしめるということなんですよ。自分の自己利益の追求を優先させて、その作業を怠っていれば、いずれ自分の仕事そのものがなくなる。やっぱり、最初に国を出るときに、ムシロ旗背負ってね（笑）、「お国のために頑張ります」と言って出て、「オレはいつか国に帰って、日本の知的レベルを上げるんだ」というような気負いがないと、仕事にならんのです。

平松　**『坂の上の雲』**【※35】やなあ。

釈　今のお話を聞いていて、ちょっと思い出したんですけど、このすぐ近くの中之島界隈には江戸時代、各藩の蔵屋敷がありましたよね。長州の**桂小五郎**【※36】とか5人がイギリスへ行く時に、**大村益次郎**【※37】が自分の判断で勝手に藩のお金を使うんですよ。「持って行け。藩のために勉強して帰って来い」って、膨大なお金をね。そういう感覚はやっぱり、大村が適塾で学んでいたからじゃないでしょうか。この話を噺家の**快楽亭ブラック**【※38】が『英国密航』という新作落語にしています。また**『長州ファイブ』**【※39】という映画にもなってます。

内田　人間て、「母港」がないと、いい仕事はできないんだと僕は思いますね。近代化への道における「学び」のエピソードですね。

「行ったきり」ってのはやっぱりダメなんですよ。船の性能がどれだけ良くても、

【※35】『坂の上の雲』
司馬遼太郎（1923～1996）の代表作であり、現在も大きな支持を得る歴史長編小説。軍人の秋山好古・真之兄弟と俳人の正岡子規を描いている。封建の世から目覚めたばかりの日本が思い焦がれた欧米的近代国家像を「坂の上にたなびく一筋の雲」に喩えた。

【※36】桂小五郎
1833～1877。幕末の尊皇攘夷派の中心人物で、明治初期の政治家。後に木戸孝允と名乗る。長州藩出身で、吉田松陰に師事。藩論を倒幕へと導き、薩長連合に成功。新政権発足後は、五箇条の誓文の起草、版籍奉還・廃藩置県などで指導的役割を果たした。

【※37】大村益次郎
1824～1869。幕末・

どこかで「いったい俺は何やってるんだろ」っていう根本的懐疑に遭遇しちゃうから。自己利益とか自己実現のためとか、ってインセンティブとしては決して強くないんです。経済合理性では学習は動機づけられないという話を前にしましたけれど、「金のため」なんかで人間は限界を超えられないです。人間が自分の限界を超える、オーバーアチーブするには、もっと幻想的なものが必要なんです。それはたとえば「私がやらなきゃ誰がやる」とか、「祖国の運命は私の双肩にかかっている。この負託に応えねば」といった類の余計な、まあ先日の「おせっかい」に合わせて言うなら「勘違い」というか（笑）、そういった余計な使命感がないと限界は超えられないんです。

子供にのしかかる「期待」の中身

平松　ナカノシマ大学のキックオフセミナーで出た「おせっかい」という言葉、これはやっぱりすごく頭に残ってるんですよね。おせっかいに社会全体で子供

維新期の兵学者。長州藩出身。緒方洪庵の適塾で蘭学を学び、医学・兵学を修める。長州藩の軍制改革を指導し、第2次長州征討、戊辰戦争では作戦指導に当たった。明治新政府の兵部大輔（次官）となり、フランス式軍制を採用。事実上の日本陸軍の創始者といわれる。

【※38】快楽亭ブラック（二代目）
1952〜。落語家。日本国籍を持つ日本人とアメリカ人のハーフ。映画の監督や評論も手掛ける。初代は明治・大正期に活躍した初代はオーストラリア生まれのイギリス人だった。

【※39】『長州ファイブ』
幕末の長州藩からヨーロッパへ派遣され、ロンドン大学に留学した「長州五傑」

を育てていかないといけない。「ほっといてくれ」という人に対しても、「何言うてんの。ほっといたらロクなもんにならんで」と言ってあげられる（笑）、そんな感覚を持たなあかんと。鷲田先生が言うてはったように、親が働いて忙しくしてても、地域に助けてくれるおじさんがおる。で、おじさんが怒ったら、親がフォローする。おせっかいの中にも、そういう絶妙なバランスが暗黙の了解としてあったんでしょうね、ムラ型の社会にはきっと。いろんな世代の人間がおって、「また同じこと言うてるなあ」と思いながらも上の世代の話には耳を傾けて、でも何年か経ったら、同じこと言うてる自分に気付いたりして。「あの時言われたことを、自分はようやく分かるようになったんやなあ」という連続性みたいなもの。そういう感覚を、ぜひ受け継いでいかないといけないんでしょうね。で、そこまで分かっているのに、事を急ぐ人が多い。それは釈先生がおっしゃったように、寿命が長くなるにしたがって、社会全体の時間の感覚が短くなってしまってるという背景がある。イラチの社会になってるというか…。

鷲田　今の子供たちがかわいそうなのは、両極端なんですね。ものすごく期待されすぎてるか、期待されなさすぎか。そういう両極端に大人たちの期待がぶ

の群像を描いた映画作品（２００６年）。五傑とは、井上聞多（馨）、遠藤謹助、山尾庸三、伊藤俊輔（博文）、野村弥吉（井上勝）。当時は幕府が海外渡航を禁じていたため、見つかれば死罪となる密航であり、一人当たり千両ともいわれる資金が必要となったが、村田蔵六（後の大村益次郎）を説き伏せて資金を調達した。

れていることに子供たちは翻弄されていて、それが彼らの「生きにくさ」を募らせているように思えてならないんです。

期待のされすぎというのは、自己の可能性を先に限定されてしまうからしんどいものです。それに、期待を外した時に、その後どういう仕打ちが待っているかを想像すると、よけいしんどくなる。一方、期待のされなさすぎは、自分の存在がなきがごとくに扱われているという、自己への過小評価につながります。さらに、期待にうまく応えられたからといって、その後がうまく行くとも限らない。そして聡い子は、大人からの期待に他人よりうまく添えている自分をそのまま肯定することができない。そこにむしろ自己への偽りを見るんです。本当はそんなことしたいわけではないのに、他者からの期待に器用に応えてしまう自分を低く評価するんです。そういう自己への否定的な感情を、聡い子は溜め込んでしまう。逆に、「大人」からの期待に十分に答えられない子、言い換えると自分が等身大で見つめられていると感じる子は、「そこまで言ってもらわなくても」と、面はゆい気持ちになる。

期待のされすぎ・されなさすぎが極端なまでにエスカレートすると、期待に添えそうもないと、あらかじめ自分を低く見積もっている子は、期待それ自体が重荷になる。逆に、期待されなさすぎの子は、期待に応えるチャンスをあらかじめ奪われていると感じる。期待の過剰と期待の過少。つまり、期待のオール・オア・ナッシングしかないんです。そこがなんとも息苦しい。昔なら、期待はしてるけど、そんなに期待してるわけじゃないでというメッセージがあったでしょ。「ええ加減に頑張りや」というような感じのね。そんなふうに言ってくれる人が今はいない。

内田　その期待がまた、やたらと具体的でしょう。どこそこ大学に入れとか、偏差値はいくつとか、年収いくらになれとか、弁護士になれ、医者になれ……。やたらに具体的な期待なわけで、それはキツいですよね。

平松　私は、MBSに入社5年目の1976年からニュースを担当したんですが、たしかその翌年に、当時関西で一番有名だった進学塾に中継に行ったんですよ。そこへ行くとね、生徒たちは「自分は東大に行って官僚になる」と目標を書かされてるんです。小学生がですよ。ここはスパルタ教育で有名でしてね、先生は叩きまくってるんです。その時はまだ自分も若くて、「ほんとにすごいですよね」というようなレポートをしたんですけれども、「でも、もう少しゆったりした部分もほしいですよね」と付け加えたように記憶してます。単に詰め込みだけの、反射神経を養うような教育はどうもね…という違和感がどこかに見える中継を、と20代の自分なりに考えたわけです。もちろん、こっちはその塾に中継をやらせてもらってるわけだし、灘中に入ろうと一生懸命頑張ってる子がいるのも、それはそれでいい。でも、じゃあ入ってからどうなるか。ストレートに東大行く子もいるんでしょうけど、ドロップアウトする子もいるだろうし、そのドロップアウトした子が別の面で伸びることだってあるわけですよね。

反射神経だけではない、発想力までを含めた英才教育というか、本当の意味でのゆとり教育。どっか遠くに星を見つめて、長い時間かけて歩いて行くような子が大事やと思える、そういう世の中でないと辛いですよね。かといって、大阪市長としてはね、うちの教育委員会にボーッとしとけ、とは言えないんですが（笑）。

内田　子供たちに向けては「ボーッとしてなさい」って言ってあげていいと思うんですけどね。親が子供たちに言うべき言葉は「まあいいよ、生きていてくれさえすれば」じゃないかと僕は思います。これこれこういう条件を満たせば、自分の子供として「承認」してやるが、その条件がクリアーできなければ「そんな子供はうちの子じゃない」という言い方で恫喝を加えるのは、短期的には効果的ですけれど、そのうち子供の方が壊れちゃいますよ。どうせ、世間の方で勝手に格付けしたり、差別化したりしてくれるんだから、せめて親だけは「生きてくれているだけで親孝行だよ」くらいのおおらかな気持ちで子供に接していいんじゃないですか。

鷲田　クレーマーという「親ばか」まがいの人たちが増えていますが、これは本物の親ばかではないと思います。子供からすれば、「うちの子に限って」という言われ方はそれほどうれしいものではない。誰の名誉のために言ってるのかと、かすかな猜疑心も芽生えます。ほんまもんの親ばかは、条件つけないで子供の味方をします。そんな過剰なまでの信頼に、「そこまで言ってくれなくても」と、子供は逆に引いてしまいます。これは正しいことです。

「反射神経だけではない、ほんとうの意味でのゆとり教育ができればと思うんですが…」(平松)

「生活保護天国」大阪市の悩ましさ

平松　ところが大阪市っていうのは、全国の政令指定都市の中で離婚率が一番高い、なおかつ所得階層もすごく低いんですよ。市民税の平均が神戸や京都と比べてどーんと落ちる。課税世帯の数もね。で、生活保護受給者が20人に1人なんです。親子3世代で生活保護いうケースも出てきてるんです。

釈　すごいですね。「うちは代々、生活保護や！　由緒あるんや」みたいな（笑）。「おまえで4代目や！」とかあったりして（笑）。もはや家業というか、そういうライフスタイルになりつつあるという。

平松　いや、ほんまにこのままほっといたら、4世代生活保護っていうのもあり得ますよ。だって、働かなくても、年金をかけるよりも金額的には豊かな生活ができるわけですよ。そういう制度になってしまってますから。それをなんとかしたいと思って、いろいろやってるんですけどね。

内田 貧乏の「罠」ってあるんですよ。「貧乏な俺」っていう自己認識をいったん受け容れちゃうと、ある意味、楽なんです。向上心ていうのは、自分に対して身の丈に合わない幻想をもつことで、いわば「自分自身に対する勘違い」のことですから。その勘違いが人間を努力に導くわけで、自分の社会的能力の低さをいったん受け容れてしまうと、心理的には楽なんですよ。無根拠な向上心で苦しんでいる人間よりも、「俺はダメだよ」と言い放てる人間の方が、ある意味で、リアルでクールな自己認識に達していると言えなくもない。

平松 今、プロジェクトチームを作って、改善策を探ってるところなんですけど、まず現金給付が一番あかんやろうと。お金を無造作にポンと渡してしまうんじゃなく、現物給付でやるべきやと。例えば、子供の給食費を無料にするというなら、給食費分は差し引いて生活保護を渡す。あるいは、家賃を無料にするんやったら、家賃分を差し引いて、こういう所に住みなさい、といって渡す。本当はそうしなければならないのに、今は事務の簡素化を図るあまり現金を渡してしまうんです。計算だけして、「はい、あなたは13万円」とか言って、ポンと。だから、どんどん制度の趣旨から外れて、制度自体もフラフラになってきてる。

内田　大学でも奨学金出すじゃないですか。奨学金って、授業料や入学金と相殺できないんですよ。いったん本人に現金を渡して、それを学校に振り込んでもらう。でも、渡すと振り込まない人いるんですよ。現金もらうとね、そのまま使っちゃうの。

釈　生活保護の話でいうと、偽装離婚とかしてる人いてはりますよね。戸籍上だけ離婚して、二重取りするとか。それで公営の団地2部屋借りて、勝手に間をぶち抜いて暮らしてたりして。団地の一室やのに、なぜか2階建てになってたりとか（笑）。お参りでいろんなお宅に行くから、ほんま面白いお宅をいっぱい見るんですよ。実に大阪的というか。

平松　ケースワーカーが見回りに行くとね、昼間はとんでもなくみすぼらしい掘っ立て小屋に住んでるらしいんですよ。で、夜になったら、御殿に帰って行く人もいるらしいんです(笑)。夜は調べに行かないですからね。「実はこの人、お金持ってるのに」というのが、ケースワーカーでも分からん部分がある。それが近所のネットワークから入ってくるんです。「あの人、調べた方がえぇで」ってね。前のナカノシマ大学で話した野球に熱中してるおっちゃんなんかも、まさにそうやったんですけど。

釈　民政委員とか保護司とかは、これまで地域の顔役といいますか、長年そこに住んでる人にお願いしてやってきてましたけど、その人たちは言ってみれば素人なわけで、社会福祉の専門家でもなければ、行政に精通してるわけでもないですよね。そうするとやっぱり、今取り組んでいる**「地域包括支援センター」**【※40】みたいに、専門家を地域に置いて、地域の情報を収集するっていう形がいいんでしょうかね。ちょっと期待してるんですけど。見ている限りでは、あまり機能していない地域が多い気がします。

街の力を「おせっかい」につなげる仕組み

平松　生活保護の話に限らず、大阪が持ってる地域力の豊かさというものを教育にも活用できると思うんです。昨日たまたま、30人ほどの中学生と語るフォーラムをやりましたらね、小学生から中学生になる時に**「中1プロブレム」**【※41】というのがあるというんです。小学生は登校時に地域の人の見守りがあった

【※40】地域包括支援センター
各市町村に設置され、地域住民の保健・福祉・医療の向上、虐待防止、介護予防マネジメントなどを総合的に行う機関。介護保険法で定められている。保健師、ケアマネジャー、社会福祉士が連携することにより、相談業務や訪問など「予防」に力点を置いた機能が期待されている。

【※41】中1プロブレム
小学校から中学校に進学した際に生じる学習量の増加や新たな人間関係といった生活の変化になじめない生徒が、ストレスから学習意欲が低下したり、不登校になったりすること。「中一ギャップ」ともいう。

り、ある程度過保護に育てられてきて、中学になると3つの学校から集まって来ますから、いきなり社会が広がって、全然違う文化と接する。その時にいろいろ問題が起こるんですね。そういうことを予防するために、中学の生徒会が主体となって、小学6年生のクラス向けにオリエンテーションをやり始めてるんです。「私たちの学校に来れば、こんなクラブ活動があって、こんな先輩がいますよ」というふうにね。今、そのモデル事業が始まっていて、いずれ市内の全校に広げていこうとしているんですけどもね。

大阪市の町内会は組織率が高くて、「下がった下がった」と嘆いている現在でも、依然として7割もあるんです。9割に達していた時期もあったぐらいで、260万人もの都市では信じられないぐらい高い。ところが、市民の7割が組織に入っていながら、ほんまに地域のために仕事をしてるという人たちは、おそらく5%もいないんですね。一握りの人が町内会をやり、PTAをやり、保護司をやり…と、あらゆることをやってらっしゃる。だからもう、名刺の裏が肩書きで真っ黒になってしまう（笑）。でも教育ってなんやと考えると、特定の人が担うだけじゃなくて地域や社会全体、それにNPOなんかも含めて、制度的に「おせっかい」をしていかないと、ほんまにダメになると思うんです。

大阪市には、全国に先駆けて始めた福祉や社会保障制度というのがたくさんあって、それは大阪という街が持ってた性格の現れだという気がするんです。どっかヤマっ気のある人が集まってて、でもその代わり、どうせお金はあの世には持って行かれへんねんから社会の役に立ててもらおうやということで、小学校に土地を寄付してくださったりする文化があった。それをね、もう一度再生したいと思ってるんです。ただし、昔のようなお大尽はもう住んでませんから、あとは地域がどれだけ手をつなぐか。

たとえば、小学校・中学校の垣根をなくしていくとかね。小学生の間はおとなしいええ子やったのが、中学生になった途端に悪さしよるっていうのはいっぱいあるんですよ。それを防ぐためにも、PTAを含めてあらゆる層が見守り、社会全体で子供を育てていくような仕掛けが必要だと思ってましてね。今、大阪市内24区で、区ごとに成人式をやってるんですけど、一つも荒れてないんです。理由の一つには青年指導員っていうのがあって、そのOBが組織を作ったりもしていて、「あいつはこういうやつで、この子はこうで…」って、みんな状況が把握できてるんですよ。だから中学でいったん荒れたとしても、また高校に入ったら「おまえ、何してんねん」と言ってやれるような関係があるんです。そういう大阪の街が持っている面白さや奥深さが一面的にならないためにも、横から支えるのが行政であって、教育委員会にきちっと立ってもらわないといけない。なかなか難しいとは思うんですけど、ええ子が育ってほしいなあという思いは絶えずありますんでね。

釈　大阪の成人式が荒れていないというのは意外でした（笑）。

高度成長期に「わずらわしい」と捨てていったものを、今ちょっと拾い直しているような感じですね。「わずらわしい」というフィルターをいったん通した上で再構築される「おせっかい」ってところがキモかもしれません。「練り上げられたおせっかい」（笑）、というか、「融通無碍《ゆうずうむげ》なおせっかい」かな。

鷲田　電車なんかで他人に悪態をつかれている人を、多くの人はかかわりあいになりたくないと見て見ぬふりをします。同じような視線がこの頃は子供にも向けられる。以前は、見て見ぬふりをするのではなく、逆に、見ないふりしているけれど、実際はちゃんと見ている、そんな大人が街にいっぱいいました。そういう意味では、大阪はまだまだ大丈夫かな。知り合いから聞いた話ですが、ある東京の女子学生が大阪の駅で切符の発券機にコインを入れたら、入れたよりたくさんのおつりが出てきた。戸惑っていたら、隣の発券機にいたおっちゃんに一言「とっとき」と言われ、もっと戸惑ったとか（笑）。

内田 まあ、ここまで来るのにずいぶん時間がかかったんですから、戻すのにも時間はずいぶんかかりますよ。ただ、日本人って付和雷同体質ですから、一気にこっちからこっちへ変わる、これまでと違うまっとうな方向に合意形成されるということも意外にあり得ると思ってます。「おせっかいなんて一朝一夕にできるもんじゃないよ」なんて言ってたのが、けっこうみんなワーッとおせっかいになったりして（笑）。それが日本人の強みであり、弱点でもあるわけですが。僕は、その付和雷同というか、突然雪崩を打って、ある方向に行くってのは、うまく使えば日本人の底力だと思ってるので。

特に教育に関しては市長の言うように、今のままじゃまずいってことは、ほぼみんな薄々感づいてるわけでね。これまでのグローバリズム的教育論のように、経済合理性をインセンティブとして「金になるから勉強しろ」というような、「要は数値的に結果を示せばいいんだ」みたいなやり方では子供たちは勉強しないということはもう分かったと思うんです。

平松 そんな子を山ほど作ろうとして、積み上げてきた結果がこれなんですもんね。

釈　だから、今までの「学び」のありようや大人の姿勢を点検し直して、30年かかって悪くなったものは、30年かかって直すと。

内田　そうですね。今、教育過程で一番軽んじられているのが「時間」なんです。今の教育行政は「いいから成果をすぐ出せ」と言ってくる。でも、これって完全に消費モデルなんですよ。商取引だと、お金出してから商品が手渡されるまでのタイムラグはゼロが理想ですから、ビジネスモデルで教育を考える人は誰もが「いきなり結果が出せる改革案を考えろ」と言う。でも、教育はビジネスじゃないんです。教育は入力してから、結果が出るまで、長い時間がかかるんですよ。

鷲田　教育とか学術とか芸術とか、そんなクリエイティヴな仕事には、達成度評価というのはなじみません。だって、達成度は計画に対して測られるもの。けれども創造的な仕事とは、想像だにしていなかったものが生まれることだからです。

釈　まずは、そういうメッセージが必要ですね。いつの世でも、戦略的に逆ベクトルへと引っ張ろうとするメッセージを発する大人がいないといけない。

内田　とにかく腰据えて、ゆっくりやりましょうよ、と。教育みたいに惰性の強い制度っていうのは、急にはハンドルを切れません。急に良くなることはないです。でも、僕はもうこれ以上、悪くならないと思ってるんですよ。教育に関しては底を打ったと思います。そして、いろんな点で新しい芽が出てきている感じがする。

釈　ずっと「荒れる教育現場の低年齢化」が続いていましたけど、小学校高学年まで荒れきってしまったから、もうこれ以上、下の年齢に行くことはないですもんね。

非行に走ってしまう子の胸のうち

平松　でも、その一方でね、先日、中学生が覚せい剤を使って逮捕されるということがありました。薬物汚染は小学生まで行ってるという話もあって。「悪」って子供の頃はものすごく魅力的じゃないですか。そういう世の中になってるものを、どう是正していったらええんかなと考えてまして、大阪府警と連携しながら対策を打ち始めてるんですけどね。まずはうちの職員たちに「覚せい剤を使うとこうなる」ということをビデオなんかで見せて教育する。区役所やったら窓口に座る職員に見せて、おかしいと思う子を見かけたら保護したげてやと。今そういうことをやってるんです。本当にすごいみたいですからね、薬物の蔓延度というのは。

内田　誰が小学生に売るんでしょうね。

釈　やはり、多くは夜の街をウロウロしてるうちに、そういう手合いに引っ掛かってしまうんでしょうね。

　僕、情緒障害児の短期療養施設をちょっと支援してるんですけどね、そこに来る子っていうのは、やっぱり家に帰りたくない時期を過ごしていますね。入所する子供の大部分が虐待を受けています。背中一面タバコの焼け跡だらけの子とかね。子供というのはなんぼ虐待されても、「今日はお父さん、優しいんとちゃうやろか」「お母さん、優しいんとちゃうやろか」と期待して家に帰るんですよ。でもやっぱり虐待される。それを繰り返すうち、ついに家に帰りたくなくなって、公園で寝たり、ゲームセンターで一晩中明かしたりね。そしたら、たいてい悪い仲間ができて、挙句にドラッグへ手を出す子もいます。そういう場合はもう、親にも居場所を知らせんと隔離して、短期療養施設に入れて、親も一緒に勉強して治していかんことにはね。たしかに情緒障害があると、ちょっと扱いにくい。どう接したらいいのか分からない親もいます。イライラして虐待してしまうということだってある。でも、施設などのサポートを受けて各場面での対応のしかたを学び、親子で足並みが揃うと、家庭を立て直せる場合もあるんです。

平松　特別支援学校って大阪市も持ってますけど、そこで最近異常に増えてるのが、見た目には普通なんですけど、**発達障害**【※42】と言われる子。医療が進歩してそういうのが見分けられるようになったということなのか、あるいは他に何か要因があるのか、それが分かれへんのですよ。僕らが子供の頃にも「あいつデキ悪いなあ」という子はおりましたけどね（笑）。「そやけど、人はええやつやで」とかね。

釈　それだけで済んでたのが、病名をつけた瞬間から、その人はそのカテゴリーに入ってしまうっていうのもあるでしょ。で、親もそれで悩んでしまう。

鷲田　そうやって家庭が崩壊してる一方で、たとえばカルトってあるでしょ。あれに引っかかるのは全部いい家庭の子なんですよね。両親揃って小学校の先

【※42】発達障害
乳児期から幼児期にかけて生じる発達遅延の総称。長年にわたって福祉の谷間で取り残されていたが、2004年に発達障害者支援法が制定され、「自閉症、アスペルガー症候群その他の広汎性発達障害、学習障害、注意欠陥多動性障害その他これに類する脳機能の障害」と定義された。

生とかね、そういうケースがけっこうある。それはね、親に対してすごい尊敬心を持ってるから、「自分も何か社会のために役立つことしないと」っていう強迫観念がきついんです。カルトっていうのはだいたい最初は大学のサークルとかに入口があって、近所の小学校で勉強を教えたり、子供の世話したりといった活動でまずは誘うでしょ。いい家庭の子は、そういうところから引っかかってしまう。だから、家庭が壊れてるのも危ないけど、家庭が良すぎても危ないという面もあるのが難しいところで。だって、ちゃんと理解してくれる親は「壁」になりえないんですから。ものわかりのよくない頑固親父を言葉を尽くして説得する、時には必死でおねだりするように、時には脅しもして説得するような、そんな訓練していないんですから。

釈　たしかにカルトというのはいろんな手法があって、狙われるとかなりの確率で引き込まれてしまいますね。自己啓発セミナー的な教育カルトは、自己変容願望につけ込んでくる。たとえば、まずは友達になって、そのうえで「ちょっといい集まりがあるねん。一緒に行かへん?」って誘う。いい人ほど断れない。本人が気づかないうちに、いつの間にか脱出しにくい状況になっている。まあ、そんな感じです。

宗教に対する態度を家庭で涵養するとか、学校でいろんな宗教文化についての授業を行うとか、宗教について学ぶ場があったりすると、少しは耐性が上がると思うんですが。

コミュニティは「死」の周りにできていく

平松 釈先生はいわゆる寺子屋みたいなものを開いてらっしゃるんですか。

釈 そうですね。今はちょっと停滞気味ですけど…。私の寺は地域のつながりが強い田舎の寺ですから、ご近所さんに気軽に集まってもらっています。コミュニティといいますか、社会人も、おじいちゃんもおばあちゃんも、子供もありで。

鷲田 お寺というのはコミュニティセンターでしたもんね、昔はね。

釈 はい。学校でも家庭でもない第3の場といいますか。プライベートでもパブリックでもない第3の場みたいな場所を管理するのが、自分の仕事かなと思って。

平松　えらいなあ、ほんま。やっぱり人の生き死にに一番近い所にいらして、仏っていうものをどう見るかとか、人間はどこに向かって死んでいくねんとか、絶えずそういう問題を身近に見てらっしゃるから。そういう場所があって、子供たちが来たり、ご近所の方が来られたりして、コミュニティになっていくんでしょうね。

鷲田　コミュニティって、最終的には死の周りにできるんですよね。生死の境界の所に、人が集まってくる。

釈　死もそうですし、弱者もそうだと思います。徹底した弱者というのは求心力になったりするんですよ。一神教って弱者の中から生まれてきますから。

そのことに気づいたのは、**ALS（筋萎縮性側索硬化症）**【※43】の方との関わりを通してです。ALSって治療法がないんで病院を出て行かなあかん。病院は治療する所であって、面倒みる所じゃないんでね。でも、だんだんと自発呼吸もできなくなっていきますし、痰の吸引とか、24時間体制でサポートしないといけない。だいたいは家族とヘルパーとの協力でケアするんですけども、今関わってる人は、天涯孤独で家族がいない人なんです。京都の町家を改造して

【※43】**ALS（筋委縮性側索硬化症）**　脳や末梢神経からの命令を筋肉に伝える運動ニューロン（運動神経細胞）が侵される病気で、難病に指定されている。運動ニューロンが侵されると、筋肉を動かそうとする信号が伝わらなくなり、筋肉を動かしにくくなったり、呼吸が困難になったりする。

暮らしておられます。私はアートプロデューサーの志賀玲子先生を通じて関わるようになったんですが、ご本人は現在、自由に動かせるのは眼球くらいで、その目の動きで文字盤を追って、宗教の話や死生観などについて語り合っています。その町家は半分が彼の生活スペース、半分がアートスペースになっているというユニークな家です。とにかく、その人を求心力として、いろんな人が集まって来るんですよね。僕も、そこでいろんな人と知り合えた。弱者を求心力としたコミュニティができてくるわけなんです。

鷲田 それは、集団形成のある種の力学やね。今ね、ロボットなんかもそういう方向に変わってきてるんですよ。これまでだと、ロボットは有能でないといかん、人間ができないことをできるようにせなあかん…という方向で開発してきたでしょ。でも今は、見るからに頼りなくて、すぐにひっくり返るようなロボットが、介護施設では一番有能なんですって。ヒョコヒョコと近寄って来たと思ったら、ゴロンと転んだりして、「あんた大丈夫か」って認知症のおばあちゃんに心配されたりする（笑）。人間というのは世話ばっかりされてると受け身になるでしょう。そうなると生きる気力もなくなって、ますます病気も悪くなる。だから、患者さんが世話を焼けるように、おせっかいの心を呼び覚ますんですね。中途半端で不完全なロボットが、そういう役割を果たすんです。

平松 そこには、社会の役に立っていたいという人間の根源的な欲求があるんでしょうね。

鷲田 それが自分の存在を確認するのには一番いい方法やからね。「私がおらんと、この子はダメになる」って思えるのが。

平松 まあ、それで錯覚することも多いけどなあ…。若い頃なんか特に（笑）。

鷲田 「俺がいてやらんと」とか言って、誰かに鬱陶しがられたんですか（笑）。

平松 そうそう、なんで逃げられるんかなって（笑）。

鷲田 それはただの世話やなしに、大きなお世話やね（笑）。グレーゾーンのおせっかいが大事なんですよ。

釈 おせっかいと大きなお世話は、分けて考えんとあきませんね（笑）。なかなか難しいな。

内田 「おせっかい」と「勘違い」を識別するのって、原理的には不可能ですよね。さっき話に出ましたけど、子育てに際して、「立派な人間に育って欲しい」という向上心志向と「生きていてくれさえすればいい」というまるごと受け容れ志向だって、どこで仕分けしたらいいのか、僕にも見当がつかない。人間がどうやったらその生きる知恵と力を高めてゆくのか、という方法についてははっきりしたマニュアルやガイドラインがあるわけじゃない。ひとりひとりの経験知と直感に頼るしかない。だから、こうやっておじさんたちが集まって、あでもないこうでもないとがやがややって、さっぱり結論が出ませんでした、というのがわりと健全なんじゃないかと思いますけどね。

（２０１０年1月18日　ル・コントワール・ド・ブノワにて）

和やかに、でも真剣に交わされた4人の教育談義。第2夜は3時間以上にも及んだ。

締めくくり

「教育権の独立」について——おせっかいなあとがき

内田　樹

この本のメンバーが集まったナカノシマ大学のキックオフイベント（座談会第1夜）で、私は平松邦夫市長とはじめてお会いした。「ジェントルマン」というのが私の第一印象だった。「ジェントルマン」というのは、現代ではほとんど死語だが、私の父は、ごくまれに年長の知人に敬意を示すときに、この語を用いていた。私も先考の遺風に従って、市長にこの形容を贈りたいと思う。

それから何度かご同席の栄を賜った後、ある日市長から携帯に電話がかかってきた。大阪市の特別顧問になって、教育問題についての個人的なアドバイザーになってくれないかというご依頼である。「瓢箪から駒」と言う他ないが、こういう「ありえない展開」には何か「宿命」の匂いがする。喜んでお引き受けすることにした。

それからしばらくして、依嘱式と記者会見があるから大阪市役所においでくださいという連絡が来た。市庁舎のいろいろなセクションの方と名刺交換をした。もともと大阪市と何の関係もなく、市の教育行政の実情について何も知らない大学教師が、ある日いきなり市長の指名で、「特別顧問」として「落下傘」的に市庁舎にやってきて、教育行政についてあれこれ知ったことを言うようになるのかも…と市役所のみなさんは微妙に不安気であったように思う。それも当然だと思う。

だが、ご心配には及ばない。私に大阪市の教育行政について「苦言を呈する」とか「はっぱをかける」とか「大胆な改革をご提言する」とかいう気は全然ないからである。それはこれまでの私が教育について書いてきたことを読めばおわかりいただけると思う。私が繰り返し申し上げてきたのは、「教育権の独立」ということであり、平たく言えば、「教育のことは現場に任せて欲しい」ということである。政治も市場もメディアも、教育のことには口を出さないでいただきたい、というのが私の年来の持論である。

だから、記者会見で「抱負」を訊ねられたときに、こう答えた。

平松市長に特別顧問にご指名いただいたことはたいへん光栄であるが、市長に最初に申し上げたいことは、地方自治体の首長は教育行政にできるだけ介入しないでいただきたいということである。

平松市長が個人的に教育についてすぐれた見識を持っていられることを私は知っているし、その教育観に私も深く同意する。けれども、それでもなお、自治体の長は「教育権の独立」を尊重しなければならないと思う。

もし、自治体の首長がその信じるところの教育理念に従って、大胆に教育制度を改変することを許した場合、その人が任期を終えて退任され、そのあとを襲った次の首長が、前任者とまったく別の教育理念の持ち主であった場合でも、彼がその信じるところの教育理念に従って、大胆に教育制度を改廃することを、権利上私たちは止めることができないからである。そのような朝令暮改的な制度改革で直接被害を受けるのは、現場の教師と子どもたちである。だから、どれほど市民の信託を得ても、自治体首長は政治主導による教育制度の手荒な改廃を試みてはならない。そう申し上げた。

教育というのは惰性の強い制度であり、四年ごとの改廃というようなタームになじまない。ある教育的施策の正否を吟味するためには、十年から二十年のスパンが必要である。こと教育に関する限り、制度改革はゆっくりと、少しずつ、ステイクホルダーたちの合意形成を待って進めるべきであり、「拙速」は教育においては最大の禁忌である。

だから、教育行政に対して市長ができる最良のことは、「現場を愉快で、活動的なものにするべく支援すること、教員たちのアクティヴィティを高めるために支援すること」に尽くされる。そのように申し上げた。

「危機」を救うのは現場の教師以外にいない

以下、そのときに言わなかったことについて追記する。

いま教育は危機的状況にある。大阪市に限らず、事態は日本中どこでも変わらない。この危機的状況を主体的に突破する仕事は、現場の教師以外に担う人がいない。教師以外にこの状況をどうにかできるものはいない。

それは考えれば誰にもわかることである。

「今の教師はイデオロギー的に偏向しており、教育力も劣化していて、信用できない。それくらいなら私が代わって教壇に立つ」と意気込む人がいるかも知れないが、その人はまさにそう言うことによって「教壇に立つ人間以外にこの状況をどうにかできるものはいない」ことを証明しているのである。報告書を山ほど書いても、保護者会で獅子吼しても、メディアに慨世の言を投稿しても、教育の危機は救えない。危機に対処しうるのは現に教壇に立っている人間だけである。

だったら、どうすればいいのか、理論的には自明である。

それは、「教師のパフォーマンスを向上させること」である。

教師たちが、その潜在能力を発揮し、そのポテンシャルを開花させ、持続的にオーバーアチーブする以外に方途はない。だから、教育行政がなすべきことも一つしかない。それは教師たちのパフォーマンスが向上するために最良の支援を行うことである。

どうすれば、パフォーマンスは向上するか。経験的には誰でも知っている。自分の仕事に誇りを持ち、機嫌よく仕事をしているときに、仕事の質はもっとも高くなる。怒っている人間や怯えている人間や恐怖にすくんでいる人間が質の高い仕事をするということは、ふつうない。まして手詰まりの状況を切り開く起死回生の知恵を思いつくというようなことは、絶対にない。

しかるに、わが国の教育行政は、ひさしく現場の教員たちを査定し、審問し、格付けすることを通じて、「恐怖し、萎縮し、怯える」人間に作り替えることに、ほとんどそのことだけのために、努力を傾注してきた。

その結果、上司の意向ばかりを気にする「イエスマン」タイプの教員と、勤務考課に厭気がさした「ふて腐れ」タイプの教員が「定型」から叩き出される人形焼のように構造的に作り出されることになった。

教育とは「処罰」ではない

もちろん、全部がそのような教員であるわけではない。自分の教育理念を保ち、教育方法に創意工夫を凝らし、愉快かつ効果的な授業をしている教員たちもいる。彼らこそが刻下の教育危機を突破する牽引力になるはずだと私は思うが、そのような自律的な教員たちの数を増やし、その活動を支援することに教育行政はほとんど何の関心も示していない。

今の教育危機が教員の側の「教育力の低下」に起因するということは行政からもメディアからも、あるいは現場の教師たち自身からも指摘されていることである。たしかに、それは事実である。

だが、それに対して、行政は「教育力のない教員」を排除せよという外科手術的な弥縫策を提案してきただけであった。教育力のない教員に対するペナルティを峻厳なものにすれば、教師たちはその教育力を向上させるだろうと教育行政要路の人々は考えた。

人間は処罰の恐怖にさらされるときにその潜在能力を効果的に開花させるというかなり偏った人間観がこの政策には伏流している。

もし、その人間観が正しいのだとすれば、当然、教育の場においては、教員も子どもたちも、絶えざる「処罰への恐怖」にさらされているべきだということになる。「絶えず査定され、考課され、格付けされ、評価の高いものは報酬を受け、評価の低いものは排除される」というストレス圧下に置けば人間たちの能力はひたすら向上し、才能は爆発的に開花する。そうなるはずである。

もちろん、そうならなかった。その結果が教育危機の現在である。

「教育とは処罰のことである」という教育観はたしかに二百年ほど前までは世間の「常識」であった。それは「子どもは生来罪深いものであり、強圧的な矯正を施さなければ、まともな人間にはなれない」という「原罪」の概念と親和する考えであったし、植民地「原住民」たちへの暴力的な支配を正当化するものでもあった。けれども、十八世紀以降、人々はしだいにこのような考え方を棄て、「子どもたちは、愛され、理解され、支援されることを通じてその潜在能力を開花させる」という新しい教育観に方向を切り替えてきた。私自身も、理論的には「そうであってほしい」と思うし、経験的には「そうである」と断定する方が懐疑的であるよりも教育効果が高いことがわかっている。

しかし、本邦の教育行政は、いまだそのすみずみに「処罰即教育」という古い教育観の残滓をこびりつかせている。「処罰の恐怖を通じて、人を操作し、支配する」という古典的方法へのノスタルジーを教育官僚たちはなかなか手放そうとしていない。

私たちの国を包み込む「思考停止」

一例を挙げよう。

あるときから、文科省は大学に「シラバス」の詳細な記述を要求するようになってきた。別にそのことの教育効果についてエビデンスが示されたからではない。ただ「アメリカではそうしている」という入れ知恵を誰かがしたので、「グローバル化」の錦の御旗の下で、各大学にそれが指令されたのである。

シラバスというのは科目ごとの教育目標・授業計画を時系列的に一覧化した

カタログであり、私自身は手間ばかりかかるこのペーパーワークの有効性をほとんど信じていない(その理路は長くなるので、ここでは述べない)。そのため教務部長の職にあるときも、シラバスの詳細な記述を教員につよくは求めなかった。だが、そののち、文科省は本学の「シラバスの記述に精粗がある」という理由で、相当額の助成金削減を通告してきた。これはきわめて徴候的なふるまいだったと思う。

文科省はこのときシラバスの教育効果や適否についての議論を回避し、「指示の適否にかかわらず、文科省の指示に従わない大学には罰を与える」ということを行った。現在、助成金の分配と学部学科の許認可権をカードに、文科省は効果的に日本の大学を支配している。他の省庁であれば、そのような強権的支配もあるいはリアリスティックな政策として許容されるかも知れない。しかし、教育事業を管轄する省庁はどんなことがあっても「処罰の恐怖を通じて人を支配する」という手立てに訴えてはならないと私は思う。

おそらく文科官僚たちにはそのような「病識」はないと思う。けれども、彼らが日常的に駆使している「上からの指示は処罰の恐怖を通じてはじめて効果的に履行される」という経験知は、無言のうちに、「常識」として教育機関のすみずみに浸透することになる。やがて、教委は管理職に対して、管理職は職員に対して、教員は子どもに対して、ほとんど無意識的に同じみぶりを繰り返すようになるだろう。

安倍内閣時代のいわゆる「教育再生」政策は「教育とは処罰のことである」という前近代的な教育観を前面に露呈させたものであった。教育再生会議も何一つ「再生」させることができぬまま、現場の荒廃をさらに進めただけで消えてしまった。

もちろんそれは文科省ひとりの責任ではない（臨教審や教育再生会議は政治家マターであり、行政官の与り知らぬものである）。そもそも、文科省は中央省庁のうちで、もっとも権限の弱い役所であり、政界と財界からの介入に絶えずさらされている。私自身、文科省幹部の口から、政治家と財界人がいかに高圧的に教育行政に介入してくるかを聞いたことがある。つまり、彼ら自身が「処罰の恐怖による効果的操作」の当事者なのである。自分自身がそれに屈服し、現にそれによってコントロールされている装置の有効性を彼らが疑うわけにはゆかない。その理路は私には理解できる。だから、文科省だけをあまり責める気にはなれない。これは私たちの国の全体を包み込んでいる、私たち全員が当事者としてコミットしている構造的な問題なのだ。

「教育危機」は教員の努力不足や、子どもたちの無能化・怠惰化や、親たちのクレーマー化といった個別的な原因によって起きているのではない。そうではなくて、「どうやって人間の潜在能力を開花させるか、どうすればパフォーマンスは向上するか」という課題に対して、「上の言うことに従わないものには罰を与える」という恫喝の方法しか思いつかないという、私たち全員が罹患しているある種の「思考停止」の帰結なのである。

恫喝ではなく敬意を、査定ではなく支援を

長い迂回になったが、ここまで書けば、どうして私が教育危機への処方箋として、市長に「政治的介入の自制」を最初にお願いしたのか、その理路がご理解いただけたことと思う。

市長がどれほど適切で高邁な理念に基づいて、どれほど実効的な施策を提言されたとしても、それは決して「指示に従わないものには罰を与える」という枠組みで示されてはならない。私はそう申し上げたかったのである。そのよう

な枠組みを巧みに運用して、政治的効果を上げ得たという事実そのものが教育的にネガティヴな効果を人々の上に及ぼしてしまうからである。上位者の指示に（不本意ながら）従わされた吏員や教員や生徒たちは、いずれそれと同じ枠組みを適用して、自分より下位のものたちを操作し、支配しようとするようになる。そのような悪循環をどこかで断たなければならないと私は思っている。繰り返すが、私からの提言はシンプルと言えば、まことにシンプルである。

　教育危機の現況に臨んで、私たちがまずなすべきことは、なによりも教育現場に「誇りと自信と笑い」を取り戻すことである。私はそれを先ほどは「自律的な教員の、多様な創意工夫を支援すること」というふうに書いた。その内実については詳細にわたらない（「自律の外的条件」や「創意工夫の標準規格」について論じるのは論理矛盾である）。それについては、教員たちひとりひとりの気概と創発性に委ねたいと思う。

　彼らがいま必要としているのは、「敬意」であって、「恫喝」ではない。「支援」であって「査定」ではない。「フリーハンド」であって「管理」ではない。その理路は市長には十分にご理解いただけたと思う。

「教育権の独立」という言葉が市長の脳内の備忘録に一行書き加えられたと

したら、今後、教育行政について政策決定を下すときに、その語がふと市長の念頭に浮かぶことがあったとしたら、それだけで私は特別顧問を依嘱していただいたことのつとめのほとんどを果たしたことになると思う。

あとがき

平松邦夫

「ナカノシマ大学」のキックオフイベントに参加した時には、まさかその内容が一冊の本、つまりこの『おせっかい教育論』になって世に出ることになるとは思いもよりませんでした。

大阪市長として話していいことなのかどうかも吟味せず、私が民間放送のアナウンサーとして経験していたパネルコーディネーター、いわゆる「回し」役を担当しながら、一方で、仕掛け人の一人として自由闊達な意見の飛び交う様を共有したいという「好奇心」も勿論たっぷりありました。そうはいっても当たり前ではありますが、市長という現職に立ち返る瞬間などもあり、それはそれで本当に楽しい時間を過ごせたと思っています。その1時間半のパネルディスカッションという制約の中では語りつくせなかった思いなどを持ち寄り、同じ四人でゆっくりと第2弾を企画しようという時には、既に「出版」という下心が編集者にはあったのでしょうね。

私を除くお三方は、「教育」の現場に身を置かれ、なおかつその社会的使命について一家言どころではない思いをお持ちの方々であり、それを日々実践されているメンバーです。この皆様と同じテーマで話をするということ自体、私には重荷以外の何物でもないはずでしたが、そこは生来の楽天的な性格が後押ししてくれたことや、大阪市長としてのさまざまな経験から、お訊きしたかったことが山ほどあったことなどが原因で、臆面もなく名前を連ねさせて頂くことに繋がったと、正直、嬉しくて心が弾む思いもしています。

市政については「直接行政」「基礎自治体」など色々な言い方がありますが、大阪市長になってから、この街の歴史や文化などに触れる機会も多く、更には市民が主役であるという「町の遺伝子」にも多く触れることができました。そのうえで私が作らせてもらった「市民協働チーム」と一緒に街に飛び出して、そんな遺伝子を持った多くの人々と触れ合うことから、この大阪市というかけがえのない街の可能性を知りました。私以上に疲れているだろうと見受けられる人々から、「がんばりや！」という掛け声をかけられ、勇気づけられたことも何度もあります。

この「ナカノシマ大学」でもそうでしたが、みなさんが「懐徳堂」の精神やその成り立ち、更にそこでの生活をまるで見てきたように話される時には、私もその時代で同じ経験をしたかのような高揚感を覚え、言葉の持つ力や楽しさを味わわせてもらいました。しかし、大阪市長として現実に立ち返ったときに、「教育現場の荒廃」という言葉だけでは表わすことのできない、社会全体の荒廃という現実に驚かされる日々が続いています。

人は助け合ってこそ「人」という字になると教わった記憶は、確かに私の深層心理にしっかりと刻み込まれていますし、そんなに大げさに言うほどもない常識であるはずです。けれども例えば、本来は生活困難とみなされる状態で受けるべき生活保護を食い物にする「貧困ビジネス」や「不正受給」に見られる呆れた実態。人を騙しても平然として、自分さえよければいいという風潮の蔓延。いたいけな子供を傷つけたり、ひいては命を奪う親の存在などなど、数え上げれば「現代の病根」という言葉だけではいい尽くせない状況が、そこかしこに生まれてしまっています。

こうしたひどく荒んでしまった世の中において、「社会総がかりで子供を育てる」こととは、何とかしてコミュニティを再構築することであると、私は痛感しています。それは大阪〜関西という土壌が本来持つ遺伝子を呼び覚ますことであり、そこから「良貨が悪貨を駆逐する」動きが生まれてこないものかと見果てぬ夢を語り、人びとの持つ力を信じながら進むしか道はないと思うのです。そして今、この「おせっかい教育論」のゲラを読み返すと、そのための大きなヒントがちりばめられていると感じます。

昨今、「一億総評論家時代」ではないですが、メディアを中心に、あらゆる出来事を「ひとこと」で決めつけることこそ「知識人」であるかのように錯覚させる傾向が見受けられます。そもそも、「言葉」によって助けられる人、傷つく人など様々いるのであり、そうであるからこそ私は、「言葉」の持つ力を間違わずに使いたいと考え、使えて当然といわれる職業、アナウンサーを選びました。今は市長をさせていただくなかで、物事の裏側に何が存在しているのかを慮ることもなく、まるで一秒でも早く答えなければならないクイズのように、実社会でも条件反射的な受け答えを競う風潮が蔓延してしまっていることに危惧を覚えることが多々あります。

知識の豊かさを試す速答クイズの場合や、寄席の大喜利のように頓知を競う場合、そこでのコミュニケーションは、当意即妙、臨機応変、変幻自在をキャッチボールする能力が要求されます。これは元来、大阪人が得意とするコミュニケーション作法とでもいえる部分であり、翻って大阪人の人生の糧でもあります。ところが、そういう「言葉の力」の一側面を利用し、他人を攻撃する時の舌鋒の鋭さや語彙の選択、決めつけのみによって、およそ教育的とは言えない状況を作り出し、無批判なメディアによってそれが巨大な虚像を結ぶという状況が過去にも幾度がありました。まるで「攻撃こそ全て」とでもいえる情報バラエティ番組に慣らされている、メディアリテラシーの備えがない方たちの反応がそうした虚像に単に同調するだけの大合唱になると、目も当てられない悲惨な状況を作り出すと想像するのは容易です。

荒廃した価値観の世の中であるからこそ、小難しい話（専門家の皆さまには失礼）をひねくりまわしたり、ましてや人を攻撃することが目的であるだけの言語運用に終始するのではなく、「街場」という言葉の響きと「懐徳堂」という時代を超えた学びの精神を共有することで、ますます「言葉」を大事にしたい、そこから生まれる優しさを共有したいという思いに満たされています。

私以外のお三方は、期せずして「哲学」と深い関わりをお持ちです。高校、大学時代を通じてあまり「哲学」とは縁のない生活を過ごしてきた私にとっては、「何しろ小難しいもの」という先入観をあざやかに払拭して下さる方々でした。まあ、それだけ私が歳をとった証拠なのかもしれませんが、第1夜の最後に「まとまる必要のない話を、人間の根源にある生き方も含めて、広がりのある謎を皆さまに提供できたんではないかと思います。そういった謎を一緒に探求する旅に出掛けませんか」と締めのコメントを言わせていただきました。このコメントに対し、編集者で「ナカノシマ大学」仕掛け人でもある江弘毅さんが思わず「うまい！」と言ってくださったとか…。我ながら、コーディネーターをしながら、しかも発言者であり、市長という職務が頭から離れない中で、この発言をほめていただいたことがすごく嬉しかったのですが、こうした言葉を引っ張り出してくる「空気」が確かに存在したこと、それはナカノシマ大学のキックオフイベントを大阪市中央公会堂という〝磁場〟で行ったことと無縁ではなく、先生方には「哲学」という多くの人が避けて通りがちなものを「腑に落ちる」形で提示いただいたと充実感に満たされました。

私たち大阪～関西人が、「おせっかいなやっちゃなぁー」と言う時は、どこか憎めない、そして人のいいおっちゃん、おばちゃんの姿を彷彿とさせます。その関西弁の持つ柔らかな雰囲気が、人と人との隔たりを近くするとも感じますし、また、音楽的にも音階の多様さが快く響く効果をもたらしているとは思われませんか。語られる内容もすっと入ってくるということはないでしょうか。

「会話、コミュニケーション、対話」を通じ、こうした触れ合いを感じられる文化というものを大事にしたいと思いますし、そうした触れ合いは自分の人生を豊かにしてくれるはずです。

この本ができるきっかけとなったナカノシマ大学とそれに続く座談会の後、こうした出会いがあるのだという思いから、ある日、鷲田清一総長にお会いした際、「内田樹先生に大阪市の特別顧問をお願いしようと思うのですが」と相談を持ちかけました。総長からは「それはいいですね。是非お願いされたら」と賛意を表して頂きました。江さんにその件を告げると「直接電話しはったら、市長からやったら受けはると思いますよ」との答え。何度か電話をさせていただいてようやく繋がったときに、恐る恐る「大阪市の特別顧問になって頂けますか」と切り出しました。その瞬間には驚かれていたようですが、快諾して頂き大いに胸をなで下ろしました。

今日、このように『おせっかい教育論』としてまとまった原稿に目を通して、このなかで語られたことを是非読者の皆様にもまだまだ謎多き「現在進行形」として受け止めていただければという思いが一層強くなっています。

鷲田清一　大阪大学総長

1949年京都市生まれ。京都大学大学院文学研究科博士課程修了。関西大学文学部教授、大阪大学文学部教授、同大学文学部長、副学長を経て、07年文系で初の阪大総長に就任。専門は臨床哲学、身体論。『モードの迷宮』『現象学の視線』で89年サントリー学芸賞、『「聴く」ことの力』で00年桑原武雄学芸賞受賞。04年紫綬褒章受章。近著に『わかりやすいはわかりにくい？ 臨床哲学講座』（ちくま新書）、『たかが服、されど服――ヨウジヤマモト論』（集英社）がある。

内田　樹　神戸女学院大学教授

1950年東京都生まれ。日比谷高校を2年生時に中退。大学入学資格検定を経て、東京大学文学部卒。東京都立大学大学院人文科学研究科博士課程中退。96年より現職。専門はフランス現代思想、映画論、武道論だが、コミュニケーションや教育、メディアなど社会の諸問題について幅広く論じている。『私家版・ユダヤ文化論』で第6回小林秀雄賞、『日本辺境論』で2010年度新書大賞受賞。近著に『街場のメディア論』（光文社新書）など。大阪市長特別顧問。

釈　徹宗　**浄土真宗本願寺派住職**

1961年大阪府生まれ。大阪府立大学大学院人間文化研究科博士課程修了。浄土真宗本願寺派如来寺住職。現在は相愛大学人文学部教授。専門は宗教学、比較宗教思想。池田市にある如来寺の裏の民家で、認知症高齢者のためのグループホーム「むつみ庵」を地域住民とともに運営している。近著に『おてらくごー落語の中の浄土真宗』(本願寺出版社)、『ゼロからの宗教の授業』(東京書籍)。論文「不干斎ハビアン論」で第5回涙骨賞受賞。

平松邦夫　**大阪市長**

1948年兵庫県尼崎市生まれ。同志社大学法学部卒。71年毎日放送入社。アナウンサー、ニュースキャスターを務める。その間、「MBSナウ」でメインキャスター、ニューヨーク支局長、役員室長を歴任。07年の大阪市長選挙で、民間から戦後初となる大阪市長(第18代)に就任。「市民協働」を旗印に、市民と直接意見交換を行う「なにわ元気アップ会議」など、積極的に市民と関わる市政を実践している。

おせっかい教育論

２０１０年10月10日　初版発行

著者　鷲田清一
　　　内田　樹
　　　釈　徹宗
　　　平松邦夫

発行人　中島　淳
発行所　株式会社１４０B（イチヨンマルビー）
〒５３０－０００４
大阪市北区堂島浜２－１－29　古河大阪ビル４階
電話　０６－４７９９－１３４０
振替　００９９０－５－２９９２６７
http://www.140b.jp

印刷・製本　図書印刷株式会社
装幀　山﨑慎太郎

ISBN978-4-903993-10-2

乱丁・落丁本は小社負担にてお取替えいたします。
本書の無断複写複製（コピー）は、著作権法上の例外を除き、禁じられています。
定価はカバーに表示してあります。

140Bの好評既刊本

京都 店 特撰—たとえあなたが行かなくとも店の明かりは灯ってる。—
バッキー井上・著

京都錦市場の漬物屋店主によるスーパーエッセイ。今まで誰も読んだことのない京都の店38軒の物語。解説・内田 樹「バッキー井上さんは、日本唯一空前絶後の書き手であり、天才です」 ISBN978-4-903993-03-4　定価880円（税込）

奇跡の寄席 天満天神繁昌亭
堤 成光・著

奇跡と秘話に彩られた、初めて語られる「繁昌亭」ストーリー。上方落語界の悲願「定席」の復活物語。解説・桂三枝「噺家が、自分たちの手で劇場をつくった快挙を、百年後に人々にも知ってほしい」 ISBN978-4-903993-04-1　定価880円（税込）

読み歩き奈良の本
奈良県立図書情報館・編

読んでも、もちろん歩いても、奈良はおもしろい。文学や映画を通して読み解く奈良は新しい発見の連続。今までに見たことのないような撮り下ろし写真に興奮。読んでよし、見てよし、使ってよしの一冊。ISBN978-4-903993-05-8　定価880円（税込）

せやし だし巻 京そだち
小林明子・原作　ハンジリョオ・漫画

京都の不思議と魅力と理不尽がいっぱいつまった、新しいコミックエッセイ誕生。昭和40年代の京都・中京区を舞台に主人公アッコちゃんと周囲の人々が織りなす「京都家族」物語。ISBN978-4-903993-07-2　定価980円（税込）

「LECON」日本版シリーズ
アラン・デュカスのひと皿フレンチ「お米」「魚」

世界の3つ星シェフ「アラン・デュカス」による、フランスで大人気の家庭料理レシピ本「LECON」日本版が登場。日常なじみのある日本の食材と調理器具で作れる、オリジナルレシピ集。料理の行程写真が1レシピ平均25カット。レシピ毎に「おすすめワイン」と「食材買い出しカード」つき。

「お米」ISBN978-4-903993-08-9　定価1260円（税込）
「魚」ISBN978-4-903993-09-6　定価1260円（税込）

MAGIC BOYS（きんとうん出版・発行）
大久保加津美・著　柴田ひろあき・写真

プロからアマチュアまで、訪ねたマジシャンは総勢200人超。マジックの世界を旅するロード・ムービー写文集。彼らはなぜマジックに魅せられたのか、マジシャンになるって一体なんだ？
ISBN978-4-903993-06-5　定価1890円（税込）

全て、お近くの書店さんでお買い求め・ご注文頂けます。